CITY|TRIP

DÜSSELDORF

001df Abb.: hg

INHALT

BENUTZUNGSHINWEISE

CITYFALTPLAN

Die im Buch beschriebenen Örtlichkeiten wie Sehenswürdigkeiten, Restaurants, Hotels, Cafés usw. sind mit Symbol und Nummer im Kartenmaterial von Düsseldorf eingetragen.

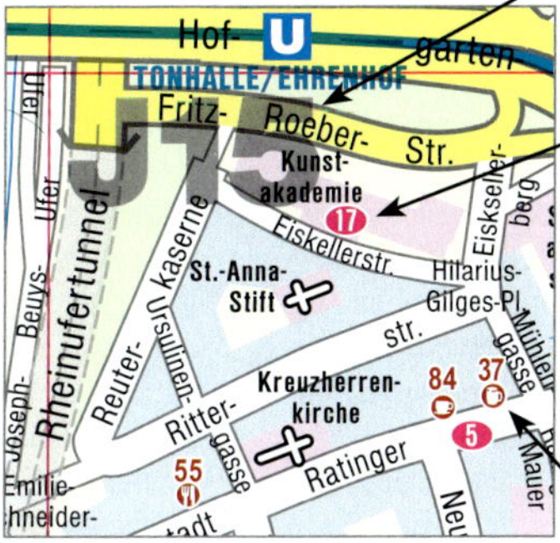

Ortsmarken mit fortlaufender Nummer, aber ohne Angabe des Planquadrats liegen außerhalb des im Buch abgebildeten Kartenmaterials. Sie können aber wie alle im Buch beschriebenen Örtlichkeiten leicht in unseren speziell aufbereiteten Internet-Karten lokalisiert werden (siehe hintere Umschlagklappe).

VORWAHL

Die **Ortsvorwahl** von Düsseldorf lautet 0211.

BEWERTUNG DER SEHENSWÜRDIGKEITEN

★★★ auf keinen Fall verpassen
★★ besonders sehenswert
★ wichtige Sehenswürdigkeit für speziell interessierte Besucher

ORIENTIERUNGSSYSTEM

Zur schnelleren Orientierung tragen alle Hauptsehenswürdigkeiten und Lokalitäten die gleiche Nummer sowohl im Text als auch im Kartenmaterial:

[J15] Die Angabe in eckigen Klammern verweist auf das Planquadrat im Kartenmaterial, in diesem Beispiel auf das Planquadrat J15.

⓱ Die Hauptsehenswürdigkeiten werden im Abschnitt „Düsseldorf entdecken" beschrieben und mit einer fortlaufenden magentafarbenen Nummer gekennzeichnet, die auch im Kartenmaterial eingetragen ist. Stehen die Nummern im Fließtext, verweisen sie auf die jeweilige Beschreibung der Sehenswürdigkeit im Kapitel „Düsseldorf entdecken".

37 Mit Symbol und fortlaufender Nummer werden die sonstigen Lokalitäten wie Cafés, Geschäfte, Hotels, Infostellen usw. gekennzeichnet.

EXKURSE ZWISCHENDURCH

DIE AUTORIN

Christine Krieb ist begeisterte Neu-Düsseldorferin. Vor 15 Jahren verschlug es sie aus dem süddeutschen Raum ins Rheinland. Neugierig auf ihr neues Zuhause, begann sie, Düsseldorf genau zu erkunden – und zwar zu Fuß. Dabei lernte sie nicht nur die klassischen Sehenswürdigkeiten kennen, sondern entdeckte auch viel Interessantes abseits der Touristenpfade. Schließlich machte sie ihr Hobby zum Beruf und ließ sich zur Stadtführerin ausbilden. Jetzt zeigt sie Besuchern aus aller Welt ihre neue Heimat und selbst Düsseldorfer lernen auf ihren Touren so manches Viertel noch einmal von einer ganz anderen Seite kennen. Besonders beliebt sind ihre Stadtführungen mit kulinarischen Kostproben. Seit vielen Jahren ist sie zudem als Journalistin tätig und beschäftigt sich dabei inzwischen vor allem mit Düsseldorf – und seinen kulinarischen Seiten. Weitere Informationen zur Autorin und zu den Stadtführungen finden Interessierte unter www.christine-krieb.de.

BILDNACHWEIS

Die Kürzel an den Abbildungen stehen für folgende Fotografen, Firmen und Einrichtungen. Wir bedanken uns für die freundliche Abdruckgenehmigung.

hg und Umschlag	Helge Gritzke
S. 69	© Jakob Kamender, Fotolia.com
S. 113	Schloss Benrath, Südterrasse (Detail) © Stiftung Schloss und Park Benrath

SCHREIBEN SIE UNS

Dieser CityTrip-Band ist gespickt mit Adressen, Preisen, Tipps und Infos. Nur vor Ort kann überprüft werden, was noch stimmt, was sich verändert hat, ob Preise gestiegen oder gefallen sind, ob ein Hotel, ein Restaurant immer noch empfehlenswert ist oder nicht mehr usw. Unsere Autoren sind zwar stetig unterwegs und erstellen alle zwei Jahre eine komplette Aktualisierung, aber auf die Mithilfe von Reisenden können sie nicht verzichten.

Darum: Schreiben Sie uns, was sich geändert hat, was besser sein könnte, was gestrichen bzw. ergänzt werden soll. Wenn sich die Infos direkt auf das Buch beziehen, würde die Seitenangabe uns die Arbeit sehr erleichtern. Gut verwertbare Informationen belohnt der Verlag mit einem Sprechführer Ihrer Wahl aus der über 220 Bände umfassenden Reihe „Kauderwelsch".

Bitte schreiben Sie an:

Reise Know-How Verlag Peter Rump GmbH, Postfach 140666, D-33626 Bielefeld, oder per E-Mail an: info@reise-know-how.de

Danke!

Latest News

Unter **www.reise-know-how.de** werden regelmäßig aktuelle Ergänzungen und Änderungen der Autoren und Leser zum vorliegenden Buch bereitgestellt.
Sie sind auf der Produktseite dieses CityTrip-Titels abrufbar.

Christine Krieb

CITY|TRIP DÜSSELDORF

NICHT VERPASSEN!

4 ST. LAMBERTUS-KIRCHE [J15]
Die älteste Kirche der Stadt hat eine reich gefüllte Schatzkammer, einen Hochaltar mit Marienbild und die Gebeine des heiligen Apollinaris zu bieten (s. S. 73).

7 K20 – KUNSTSAMMLUNG NORDRHEIN-WESTFALEN [J15]
Das K20 ist eines der wichtigsten Museen für Kunst des 20. Jh. Der Schwerpunkt liegt auf der Malerei der westeuropäischen und amerikanischen Moderne (s. S. 75). Eine Dependance für die Kunst des 21. Jh. befindet sich im Ständehaus (siehe 15).

8 ST. ANDREASKIRCHE [J16]
Die wohl prächtigste Kirche Düsseldorfs wurde in süddeutschem Barock erbaut. Herzog Wolfgang Wilhelm ließ das katholische Gotteshaus während des 30-jährigen Krieges im 17. Jh. in nur sieben Jahren errichten (s. S. 76).

11 RATHAUS UND JAN-WELLEM-DENKMAL [J16]
Unter Kurfürst Johann Wilhelm II., dessen Denkmal auf dem Marktplatz steht, erlebte Düsseldorf seine kulturelle Blüte. Das Rathaus hat vor allem während des Karnevals eine wichtige Funktion (s. S. 80).

20 EHRENHOF [J14]
Der Ehrenhof entstand in den 1920er-Jahren anlässlich einer großen Messe und beherbergt heute mehrere Museen und Sammlungen (s. S. 89).

24 HOFGARTEN [K15]
Die grüne Lunge Düsseldorfs entstand in der zweiten Hälfte des 18. Jh. unter Kurfürst Carl Theodor und war der erste öffentliche Park in Deutschland (s. S. 91).

32 KÖNIGSALLEE [K17]
Die eleganteste Einkaufsstraße der Stadt wurde Anfang des 19. Jh. an der Stelle geschaffen, wo sich die Festungsanlagen befunden hatten. 1851 erhielt die Allee aufgrund eines denkwürdigen Ereignisses ihre heutigen Namen (s. S. 97).

35 RHEINTURM [H18]
Das höchste Bauwerk Düsseldorfs wurde 1981 als Fernmeldeturm der ehemaligen Deutschen Bundespost im Medienhafen errichtet. Der Blick von oben über Düsseldorf ist sagenhaft (s. S. 101).

37 GEHRY-BAUTEN [G19]
Die drei Gebäude des Architekten Frank O. Gehry fallen aufgrund ihrer krummen und schiefen Wände auf. Mit ihrer „tanzenden" Architektur waren sie der Startschuss für weitere Bauten renommierter Architekten im Hafen (s. S. 103).

Leichte Orientierung mit dem cleveren Nummernsystem

Die Sehenswürdigkeiten der Stadt sind zum schnellen Auffinden mit **fortlaufenden Nummern** versehen. Diese verweisen auf die ausführliche Beschreibung **im Kapitel „Düsseldorf entdecken"** und zeigen auch die genaue Lage **im Stadtplan.**

IMPRESSUM

Christine Krieb
CityTrip Düsseldorf

erschienen im
Reise Know-How Verlag Peter Rump GmbH,
Osnabrücker Str. 79, 33649 Bielefeld

1. Auflage 2011

ISBN 978-3-8317-2072-9
Printed in Germany

Herausgeber und Gestaltungskonzept:
Klaus Werner
Lektorat: amundo media GmbH
Layout: Günter Pawlak (Umschlag),
Anna Medvedev (Inhalt)
Fotos: siehe Bildnachweis S. 6
Karten: Ingenieurbüro B. Spachmüller,
Rheinbahn AG, amundo media GmbH
Druck und Bindung:
Fuldaer Verlagsanstalt GmbH & Co. KG

Dieses Buch ist erhältlich in jeder Buchhandlung Deutschlands, der Schweiz, Österreichs, Belgiens und der Niederlande. Bitte informieren Sie Ihren Buchhändler über folgende Bezugsadressen:

Deutschland: Prolit GmbH, Postfach 9, D-35461 Fernwald (Annerod) sowie alle Barsortimente
Schweiz: AVA-buch 2000, Postfach, CH-8910 Affoltern
Österreich: Mohr Morawa Buchvertrieb GmbH, Sulzengasse 2, A-1230 Wien
Niederlande, Belgien: Willems Adventure, www.willemsadventure.nl

Wer im Buchhandel trotzdem kein Glück hat, bekommt unsere Bücher auch über unseren Büchershop im Internet:
www.reise-know-how.de

Alle Informationen in diesem Buch sind von der Autorin mit größter Sorgfalt gesammelt und vom Lektorat des Verlages gewissenhaft bearbeitet und überprüft worden.
Da inhaltliche und sachliche Fehler nicht ausgeschlossen werden können, erklärt der Verlag, dass alle Angaben im Sinne der Produkthaftung ohne Garantie erfolgen und dass Verlag wie Autorin keinerlei Verantwortung und Haftung für inhaltliche und sachliche Fehler übernehmen.
Die Nennung von Firmen und ihren Produkten und ihre Reihenfolge sind als Beispiel ohne Wertung gegenüber anderen anzusehen.
Qualitäts- und Quantitätsangaben sind rein subjektive Einschätzungen der Autorin und dienen keinesfalls der Bewerbung von Firmen oder Produkten.

Wir freuen uns über Kritik, Kommentare und Verbesserungsvorschläge:
info@reise-know-how.de

AUF INS VERGNÜGEN

002df Abb.: hg

DÜSSELDORF AN EINEM TAG

In Düsseldorf liegen die meisten Sehenswürdigkeiten nahe beieinander, daher lassen sich Altstadt und Stadtmitte gut zu Fuß erkunden.

MORGENS

Am besten beginnt man seine Besichtigungstour in der Altstadt am **Burgplatz** (1), an dem sich einst ein großes Schloss befand, das 1872 aber bis auf den Turm durch einen Brand zerstört wurde. Vom **Burgturm** aus schlendert man am **Radschlägerbrunnen** (2) vorbei zur **Düssel**, dem Fluss, der Düsseldorf seinen Namen gab. Von dort geht es dann weiter in den mittelalterlichen Kern der Stadt, zum Stiftsplatz rund um die katholische **St. Lambertuskirche** (4). Das äußere Erscheinungsbild des Gotteshauses ist typisch für die niederrheinische Backsteingotik und auch ein Blick ins Innere dieser ältesten Kirche Düsseldorfs lohnt sich: Neben einer reichhaltig gefüllten Schatzkammer ist auch das Grabmonument Wilhelms des Reichen von 1599 zu sehen. In einem Glasschrein liegen außerdem die Gebeine des hl. Apollinaris, des Schutzpatrons der Stadt. Am **K20** (7), dem Museum für Kunst des 20. Jh., vorbei, geht es weiter zur **St. Andreaskirche** (8), der wohl schönsten Kirche der Stadt. Das katholische Gotteshaus wurde in einem für diese Gegend untypischen Stil erbaut, nämlich in süddeutschem Barock. Ihr Inneres ist reich ausgestattet und weist zum Beispiel eine weiße Stuckdecke, fein gearbeitete Ornamente und Skulpturen auf.

◀ *Vorseite: Die Rheinuferpromenade* (16) *ist ein beliebter Treffpunkt*

▼ *Die Living Bridge (s. S. 105) verbindet die beiden Hafenufer*

009df Abb.: hg

Über die Andreasstraße geht es weiter zur **Neanderkirche** 9, die im 17. Jh. als protestantische „versteckte" Kirche gebaut und nach Joachim Neander, dem Rektor der Lateinschule und Komponisten von Kirchenliedern, benannt wurde. Ihm verdankt übrigens auch der Neandertaler seinen Namen (s. S. 78). In der nahen Bolkerstraße befinden sich zwei der vier bekannten **Hausbrauereien** Düsseldorfs: Zum Schlüssel (s. S. 29) und schräg gegenüber der Goldene Kessel (s. S. 28), in dem sich eine Büste **Heinrich Heines** befindet, dessen **Geburtshaus** 10 ebenfalls in der Bolkerstraße liegt. Die Bolkerstraße entlang geht es zum ehemaligen Marktplatz mit dem **Rathaus** 11. Der ältere Teil des Gebäudes wurde im 16. Jh. gebaut und im 18. Jh. unter Kurfürst Carl Theodor im Rokokostil renoviert. Mitten auf dem Platz steht das **Jan-Wellem-Denkmal** 11, das dem Kurfürsten und Herzog von Jülich-Berg gewidmet ist, der im 17. Jh. in Düsseldorf residierte.

Der Zeit des Absolutismus entsprechend präsentiert sich der Kurfürst auf seinem Denkmal überaus herrschaftlich. Ihm ist es zu verdanken, dass die Stadt im 17. Jh. zur kulturellen Blüte gelangte und mit der größten Gemäldesammlung in Europa auf sich aufmerksam machte.

An der Killepitschstube Et Kabüffke (s. S. 22) und dem Uerige (s. S. 29), einer der renommierten Hausbrauereien, vorbei, geht es die Berger Straße entlang zum **Carlsplatz** 12 mit seinem **Markt**, der in der überdachten Halle an sechs Tagen in der Woche stattfindet. Die vielen Marktstände und Imbissbuden laden zum Schauen, Herumspazieren und Probieren ein. Auch in der angrenzenden **Carlstadt** lohnt

▼ *Ein Fußweg führt von der Altstadt bis zum Medienhafen*

008df Abb.: hg

sich ein Spaziergang. Hier gibt es sehr schöne Bürgerhäuser und auch das **Stadtmuseum** (s. S. 53), das einen anschaulich durch die Geschichte Düsseldorfs führt, ist einen Besuch wert. Wer **Hunger** hat und es mediterran mag, der kann sich in der Hohen Straße bei Jeronimos (s. S. 31) Tapas gönnen oder aber in einem der vielen Lokale in der Altstadt wie z. B. in der Schneider-Wibbel-Gasse [J16], wo sich ein spanisches Restaurant an das nächste reiht.

MITTAGS

Nach dem Essen ist man sowohl von der Schneider-Wibbel-Gasse als auch von der Hohen Straße in nur wenigen Minuten auf der **Königsallee** 32, der prächtigsten Einkaufsstraße von Düsseldorf, an der man die exklusivsten und elegantesten Modegeschäfte findet. Die **Kö-Galerie** (s. S. 21) wurde 1986 zur schönsten Einkaufspassage Westeuropas gekürt und in der Konditorei Heinemann (im Kö-Center, s. S. 21) bekommt man die wohl beste Schokolade der Welt. Unter 57.000 Pralinen wurde der Champagnertrüffel von Heinemann zur Nr. 1 gewählt und auch die Kuchen sind hervorragend, daher lohnt es sich, hier eine kurze Pause einzulegen. Ein paar Meter weiter beginnt am nördlichen Ende der Königsallee der **Hofgarten** 24, die grüne Lunge der Stadt, und zurück am Rhein gehört die **Rheinuferpromenade** 16 zu den Highlights eines Düsseldorf-Besuches. Sie führt von der Tonhalle 19 an der Altstadt vorbei bis in den Medienhafen (s. S. 98) und wird von zahlreichen Sehenswürdigkeiten gesäumt.

► *In der Schneider-Wibbel-Gasse [J16] reiht sich ein Lokal ans andere*

ABENDS

Die Rheinuferpromenade führt am **Apollo Varieté Theater** 33 vorbei zum **Landtag** 34 und weiter zum **Rheinturm** 35, mit 240 Metern das höchste Gebäude in Düsseldorf. Von dem Selbstbedienungscafé auf 168 Metern hat man eine wunderbare Sicht über die ganze Stadt und kann schon mal einen Blick auf das **Stadttor** 36 oder die schöne und **innovative Architektur am Hafenbecken** werfen. Die **Gehry-Bauten** 37 sind auf jeden Fall einen längeren Stopp wert. Die drei in Form, Farbe und Material unterschiedlichen Gebäude fallen besonders wegen ihrer krummen Fassaden auf. Am besten spaziert man aber einmal ums Hafenbecken herum oder zumindest bis zur **Living Bridge** (s. S. 105), die die beiden Ufer miteinander verbindet. Die Gebäude in dieser Gegend sind ein Mix aus alten, denkmalgeschützten Bauten und moderner, innovativer Architektur. Die bunten Kunststofffiguren der Stuttgarter Künstlerin Rosalie, die sogenannten „Flossis", die an der Fassade des **Roggendorf-Hauses** (Speditionsstr. 15a) hochklettern und das **Colorium** (Speditionsstr. 9) mit seiner bunten Fassade und der roten Kappe fallen besonders auf. Wer Fisch und Meeresfrüchte mag, ist in der Meerbar (s. S. 32, im roten Gehry-Bau) genau richtig. Von der Terrasse hat man einen guten Blick auf den Hafen. Fleischgerichte gibt es im Gehry's (s. S. 31) im weißen Gehry-Bau gegenüber.

007df Abb.: hg

DÜSSELDORF AN EINEM WOCHENENDE

Die wichtigsten Sehenswürdigkeiten Düsseldorfs liegen nah beieinander und lassen sich daher gut zu Fuß erkunden. In zwei Tagen kann man die schönsten Seiten der Altstadt kennenlernen, Museen besuchen oder das japanische Viertel erkunden. Mit der U-Bahn kommt man auch bequem zum Aquazoo im Nordpark und nach Kaiserswerth, in den ältesten Teil Düsseldorfs.

1. TAG – QUER DURCH DIE ALTSTADT

Morgens

Am besten beginnt man seinen Rundgang in der Altstadt am **Burgplatz** 1. Hier befand sich früher das Schloss, von dem allerdings seit einem Brand nur noch der Burgturm übrig ist. Treppen führen hinunter zur Rheinuferpromenade 16 und zum Rhein, der Düsseldorf seit vielen Jahrhunderten prägt. Wenn man quer über den Platz geht – am **Radschlägerbrunnen** 2 vorbei –, trifft man auf die Düssel, die der Stadt ihren Namen gegeben hat. Links neben der Düssel befindet sich das **Stadterhebungsmonument** 3, das bildlich darstellt, wie Düsseldorf 1288 die Stadtrechte erhielt.

Ein schmaler Weg führt zum Stiftplatz, dem mittelalterlichen Teil der Stadt, und der katholischen **St. Lambertuskirche** 4, dem ältesten Gotteshaus der Stadt. Direkt hinter der Kirche mündet die Straße mit dem Namen Alte Stadt in die **Ratinger Straße** 5 mit ihren vielen Kneipen und Cafés. Wer Lust hat, kehrt auf ein verspätetes Frühstück im Café Zum goldenen Einhorn (s. S. 38) ein oder gönnt sich ein erstes Altbier in der Brauerei Im Füchschen (s. S. 28).

Von hier aus lässt sich das belebte Treiben auf der Straße gut beobachten. Die **Kunstakademie** 17 befindet sich nicht weit von hier und die Ratinger Straße war früher ein beliebter Treffpunkt von Studenten und Professoren wie z. B. Joseph Beuys. Von hier ist es nur ein Katzensprung zur **Kunstsammlung Nordrhein-Westfalen** – auch **K20** 7 genannt –, die sich der Kunst des 20. Jh. widmet. Ein (kostenloser) Shuttlebus verbindet sie mit dem **K21** 15, dem Museum für Kunst des 21. Jh. Das **Ofenrohr**, das aus dem Gebäude gegenüber dem K20 ragt, welches den **Kunstverein für die Rheinlande und Westfalen** und die **Städtische Kunsthalle** (s. S. 51) beherbergt, ist ein Kunstwerk von Beuys und symbolisiert den Austausch zwischen Kunst und Umwelt.

Gleich um die Ecke, direkt am **Kom(m)ödchen** (s. S. 42), dem ersten politischen Kabarett, das nach dem Zweiten Weltkrieg in Deutschland gegründet wurde, vorbei, befindet sich die **St. Andreaskirche** 8. Sie wurde im 17. Jh. gebaut, war die Hofkirche der Pfalz-Neuburger und ist die wohl prächtigste Kirche in Düsseldorf. Nun sollte man noch einen kurzen Blick zur Hausfassade des Brauausschanks Paulaner am Kom(m)ödchen (Mutter-Ey-Straße 1) hinauf werfen: Dort oben prangt ein Bild von **Mutter Ey** (s. S. 46), die in den 1930er-Jahren die in Deutschland wohl am häufigsten gemalte Frau war.

Über die Andreasstraße geht es durch einen Torbogen mit schmiedeeisernem Gitter weiter zur **Neanderkirche** 9, die im 17. Jh. als „versteckte" protestantische Kirche gebaut wurde und nach Joachim Neander, dem Rektor der Lateinschule und Komponist von Kirchenliedern, benannt ist. In der angrenzenden Bolkerstraße befinden sich die beiden traditionellen **Hausbrauereien** Zum Schlüssel (s. S. 29) und Im Goldene Kessel (s. S. 28), in denen man gut rheinische Spezialitäten verkosten kann. Falls der gegenüberliegende Biergarten im Vorhof der Neanderkirche geöffnet ist, sollte man sich unbedingt einen Platz suchen, denn hier kann man schön sitzen und dem Treiben auf der Bolkerstraße zusehen.

010df Abb.: hg

Mittags

Die Bolkerstraße entlang geht es nun zum früheren Marktplatz mit dem **Rathaus** und dem **Monument von Jan Wellem** 11. An der Killepitschstube Et Kabüffke (s. S. 22) und dem Uerige (s. S. 29), einer der renommierten Hausbrauereien, vorbei, geht es die Berger Straße entlang zum **Carlsplatz** 12 mit dem wohl schönsten Wochenmarkt in Nordrhein-Westfalen. In nur wenigen Minuten ist man von hier auf der **Königsallee** 32, der bekannten Einkaufsstraße von Düsseldorf.

Eine Oase mitten in der Stadt ist der **Hofgarten** 24. Der neuere Teil beginnt am nördlichen Ende der Königsallee, der alte Teil, der durch einen Fußgängeruntergang vom neuen Teil aus bequem erreichbar ist, wird durch einen Teich mit dem „gröne Jong", dem grünen Jungen, markiert. Die Figur ist von grüner Patina überzogen und deshalb zu ihrem Namen gekommen. Ein Stück vom Teich entfernt befindet sich das rosafarbene Gebäude des **Theatermuseums.** Hinter dem Teich führt die Jägerhofallee direkt auf **Schloss Jägerhof** 26 zu, in dem sich das **Goethe-Museum** befindet.

Abends

In die andere Richtung dehnt sich der Hofgarten fast bis zum Rhein. An der Tonhalle 19 beginnt die **Rheinuferpromenade** 16, eine Fußgängerzone, die sich bis zum Medienhafen zieht und an zahlreichen Sehenswürdigkeiten vorbeiführt. Unterwegs lohnt sich ein Stopp z. B. im Café Alte Bastion (s. S. 35), das einen wunderschönen Blick auf den Rhein und den besten Apfelstrudel der Stadt bietet. Am **Apollo Varieté Theater** 33 und am **Landtag** 34 vorbei kommt man bald zum **Rheinturm** 35, der mit 240 Metern das höchste Gebäude Düsseldorfs ist und einen wunderbaren Blick über die Stadt und den Hafen mit seiner innovativen Architektur bietet. Hier haben viele renommierte Architekten ihre Spuren hinterlassen. Begonnen hat alles mit den **Gehry-Bauten** 37, drei in Form, Farbe und Material unterschiedlichen Gebäuden, die vor allem wegen ihrer krummen Fassaden auffallen. Im Hafen gibt es zahlreiche Restaurants, z. B. die Meerbar (s. S. 32) mit Blick aufs Wasser oder Roberts Bistro (s. S. 32), ein französisches Lokal. Auch die größte Diskothek Nordrhein-Westfalens, das 3001 (s. S. 40), befindet sich im Hafen, und zwar auf der Rückseite der ehemaligen **Energiezentrale** mit dem „Wolkenbügel" (s. S. 106).

◀ *Das K20* 7 *widmet sich der Kunst des 20. Jahrhunderts*

2. TAG – EHRENHOF UND KAISERSWERTH

Vormittags

Der **Ehrenhof** 20 ist ein ehemaliges Messegelände und heute für seine Museen bekannt. Zu der Anlage gehörten das ehemalige Planetarium (heute die Tonhalle 19) und die Rheinterrasse (s. S. 28). Heute beherbergt der Ehrenhof das **museum kunst palast** (s. S. 52) und das **NRW-Forum Kultur und Wirtschaft** (s. S. 52). Die Rheinterrasse, das ehemalige Messerestaurant, wird auch heute noch gastronomisch genutzt. Vom angrenzenden Biergarten schweift der

DAS GIBT ES NUR IN DÜSSELDORF

*Auf die **Radschläger** trifft man in Düsseldorf überall. Als Brunnenfiguren auf dem Burgplatz, als Motiv für Bilder, Postkarten und Geschirr. Ja, sogar als Türgriff in der Sakristei der St. Lambertuskirche. Die Tradition der Radschläger ist eng mit der Geschichte Düsseldorfs verknüpft und geht zurück auf 1288, als Düsseldorf zur Stadt erhoben wurde (s. S. 72).*

*Düsseldorf hat die **„längste Theke der Welt“**. Auf einer Fläche von etwa einem Quadratkilometer befinden sich mitten im Herzen der Altstadt ungefähr 260 Restaurants, Kneipen, Pubs, Bars, Imbissbuden und Cafés. Aber auch die traditionellen Hausbrauereien sind in der Altstadt zu finden, denn Düsseldorf ist schließlich für sein **Altbier** bekannt und dies wird nach Bedarf gebraut und schmeckt am besten, wenn es direkt vor Ort getrunken wird, ohne einen langen Transportweg zurückgelegt zu haben. Das „Alt“ ist ein obergäriges Bier (Gärung der Hefe bei hohen Temperaturen) und von dieser Braumethode kommt auch der Name: „Alt“ kommt vom lateinischen Wort „altus“, was so viel wie „hoch“ bedeutet. Kurfürst Jan Wellem hatte den Düsseldorfern 1712 das Zunftrecht verliehen, mit dem eine eigene Bierbraukultur begann. Bis dahin war Bier ein Nebenprodukt der Bäcker gewesen – und schmeckte dementsprechend schlecht.*

*Es gibt zwar nur noch wenige traditionelle **Hausbrauereien** in der Altstadt, aber die sind alle ungefähr 150 Jahre alt. Die Brauereien lohnen auf jeden Fall einen Besuch und einen „Biervergleich“, denn jedes Altbier schmeckt anders. Das Bier im Uerige (s. S. 29) ist vom englischen Bierkritiker Michael Jackson z. B. unter die Top 5 in Deutschland gewählt worden. Der Kellner, der das Bier serviert, wird in Düsseldorf „Köbes“ genannt. Aber Achtung! Nach der ersten Runde wird Alt nicht mehr extra bestellt, sondern wenn das Glas leer ist, wird direkt ein neues Bier geliefert. So schnell kann der Gast oft gar nicht schauen. Wer den Bierdeckel auf das Glas legt, signalisiert damit, dass er kein weiteres Getränk mehr möchte. Altbier wird traditionell in Gläsern von 0,2 Litern serviert, damit es immer frisch ist, und auf dem Bierdeckel wird per Strich die Anzahl der Gläser vermerkt, die man hatte. Das Besondere an Hausbrauereien ist übrigens, dass man nicht lange allein bleibt, sondern leicht mit anderen ins Gespräch kommt.*

Blick auf den Rhein und die Rheinwiesen, die im Frühling von unzähligen blauen Krokussen überzogen sind. Die Wiesen werden für einen Spaziergang, zum Radfahren, Picknicken und Sonnenbaden genutzt. Die Rheinwiesen entlang (oder alternativ mit der U-Bahn) geht es zum **Nordpark** 40, einer großen Parkanlage, in der sich auch das **Aquazoo-Löbbecke Museum** mit seiner einzigartigen Kombination aus Zoo und Museum befindet. Besonders sehenswert ist auch der japanische Garten.

Nachmittags

Kaiserswerth 41 liegt im Norden von Düsseldorf und ist der älteste Teil der Stadt. Früher war es ein eigener Ort, der aber 1929 eingemeindet

Killepitsch ist ein Kräuterlikör, der n Düsseldorf erfunden wurde. Er be-teht neben Alkohol und Zucker aus 98 erschiedenen Sorten Beeren, Kräutern ınd Wurzeln. Nach einem deftigen Es-en räumt er den Magen gründlich auf. Im besten trinkt man ihn eiskalt - di-ekt in der Killepitschstube Et Kabüffke s. S. 22) in der Altstadt. Der Name „Kil-epitsch" entstand während des Zweiten Veltkrieges. Willi Busch, Besitzer eines ikörladens, und sein Freund Hans Müller-Schlösser, Theaterdichter und chöpfer des Schneider Wibbel (s. S. 79), aßen zusammen im Luftschutzkel-er. Oben fielen die Bomben und Wil-i Busch bemerkte ängstlich: „Wenn lat so wider jeht, dann doont'se ons he ch noch kille" („Wenn das so weiter-eht, dann werden sie uns auch noch öten"). Sein Freund beruhigte ihn und neinte: „Äwwer nit Willi, eh'mer zwei och ne Leckere jepitscht hant". („Aber icht, bevor wir zwei nicht noch einen etrunken haben"). Die beiden überleb-en und gaben dem Kräuterlikör den Jamen „Killepitsch".

*Und noch eine Besonderheit: Im Ge-ensatz zu fast allen anderen deut-chen Städten haben **Fußgänger** in Düsseldorf an **Ampeln** eine **Gelbpha-e** - genau wie die Autofahrer.*

wurde. Bereits im 7. Jahrhundert gab es hier eine **Festung**, die unter Kaiser Barbarossa im 12. Jahrhundert zu einer der wichtigsten Burgen ausgebaut wurde. Heute sind leider nur noch Ruinen übrig. Nicht weit entfernt befindet sich die **Suitbertus-Basilika**, eine niederrheinische Pfeilerbasilika aus dem 11. Jahrhundert, und ein **Park** mit Büsten bedeutender Kaiserswerther Persönlichkeiten wie Theodor Fliedner, dem Gründer der ersten Diakonissenanstalt, und Florence Nightingale, Krankenschwester und Reformerin des englischen Gesundheitswesens. Sehenswert ist auch der **Ortskern** mit seinen schönen Barockhäusern, der alten Apotheke und der ehemaligen Seidenweberei (Kaiserswerther Markt Nr. 11). Besonders interessant ist es, wenn man entweder die Hin- oder die Rückfahrt nach Kaiserswerth mit dem Schiff (Weiße Flotte, s. S. 125) zurücklegt.

ZUR RICHTIGEN ZEIT AM RICHTIGEN ORT

JANUAR, FEBRUAR, MÄRZ

- **boot Düsseldorf:** internationale Bootsausstellung Ende Januar auf dem Messegelände (www.boot-online.de)
- **Rundgang in der Kunstakademie** (www.akademierundgang.de): Im Februar öffnet die Kunstakademie an einem Wochenende ihre Türen und die Studenten präsentieren der Öffentlichkeit ihre Werke.
- **International Athletics PSD Bank Meeting Düsseldorf:** im Februar in der Leichtathletikhalle im Arena-Sportpark (www.psdbankmeeting.com)
- **Rheinischer Karneval:** im Februar/März in der Altstadt/Innenstadt (www.comitee-duesseldorfer-carneval.de). Neben dem offiziellen Rosenmontagsumzug gibt es viele kleine Züge durch die einzelnen Viertel der Stadt (www.karneval-in-duesseldorf.de).
- **Nacht der Kirchen:** Februar/März, Andachten, Orgelkonzerte und Kirchenführungen bei freiem Eintritt (www.nachtderkirchen.de)

EXTRATIPP

Kirmes am Rhein

Eine der größten Attraktionen in Düsseldorf ist die „größte Kirmes am Rhein". Sie findet immer 10 Tage lang um den 23. Juli herum auf den **Rheinwiesen** zwischen Oberkasseler Brücke und Rheinkniebrücke statt und lockt jährlich **mehr als 4 Millionen Besucher** an. Das Fest findet in der dritten Juliwoche statt und wird zu Ehren des **Stadtpatrons,** des heiligen **Apollinaris** gefeiert, der am 23. Juli Namenstag hat. Die Gebeine des heiligen Apollinaris ruhen in einem Schrein in der St. Lambertuskirche (4). In einer **Prozession** wird der Schrein am Donnerstag vor Ende der Kirmes nach einem Gottesdienst durch die Altstadt getragen. Der Höhepunkt ist das **Feuerwerk** am Freitag vor Ende der Kirmes.

APRIL, MAI, JUNI

- **METRO Group Marathon Düsseldorf:** Marathonlauf im Mai, Start/Ziel ist die Rheinuferpromenade (www.metrogroup-marathon.de).
- **Nacht der Museen:** Im Mai haben alle (ca. 40) Kulturinstitute der Stadt für eine Samstagnacht geöffnet. Zahlreiche Ausstellungen und dazu ein Rahmenprogramm mit Musik, Partys usw. (www.nacht-der-museen.de).
- **Power Horse World Team Cup:** Tennis-Mannschaftsweltmeisterschaft, die im Mai im Rochusclub stattfindet (www.world-team-cup.com)
- **Jazz Rally:** Ende Mai/Anfang Juni, Jazzkonzerte an verschiedenen Orten der Stadt (www.duesseldorfer-jazzrally.de)
- **Japan-Tag mit Japan-Feuerwerk:** großes Fest mit Kulturprogramm und Feuerwerk Ende Mai/Anfang Juni an der Rheinuferpromenade (www.japantag-duesseldorf-nrw.de)

EXTRATIPP

Termine und Veranstaltungen

Aktuelle Tipps zu Terminen und Veranstaltungen in Düsseldorf findet man auf folgenden Internetseiten:

- **www.duesseldorf-guide.de**
- **http://duesseldorf.prinz.de**
- **www.duesseldorf-tourismus.de/veranstaltungen**

- **Bücherbummel auf der Kö:** großes Bücherfestival und Bücherverkauf auf der Königsallee im Juni (www.buecherbummel-auf-der-koe.de)
- **Mittsommernacht:** Einkaufen, Kunst, Kultur und Kulinarisches im Juni auf der Rheinuferpromenade (www.duesseldorf-tourismus.de)
- **Radschlägerturnier der Stadtsparkasse:** im Juni, langjährige Tradition, bei der Kinder Rad schlagen und im Wettbewerb gegeneinander antreten, am Rheinufer (www.aldeduesseldorfer.de)
- **Oper und Ballett am Rhein für alle:** im Juni/Juli stattfindende große Gala im Opernhaus und Public Viewing auf dem Burgplatz (www.operamrhein.de)

JULI, AUGUST, SEPTEMBER

- **FrankenheimKino** (Juli/August, www.frankenheimkino.de): Open-Air-Kino im Rheinpark
- **Kunstpunkte:** An zwei Wochenenden im August öffnen sich die Ateliers von Düsseldorfer Künstlern für Besucher (www.kunstpunkte.de).
- **CARAVAN Salon Düsseldorf:** internationale Caravanmesse im August/September auf dem Messegelände (www.caravan-salon.de)
- **Düsseldorfer Kö-Lauf der Stadtwerke:** internationaler Straßenlauf auf der Königsallee im September (www.stadtwerkeduesseldorf-koelauf.de)

› **Weltkindertag in Düsseldorf:** Kinderfest im September auf der Rheinuferpromenade (www.duesseldorf.de)
› **Altstadtherbst:** Kulturfestival, das von September bis Oktober an verschiedenen Orten stattfindet (www.altstadtherbst.de)

OKTOBER, NOVEMBER, DEZEMBER

› **St.-Martins-Fest:** Am 10. November wird mit einem Fackelzug in der Altstadt (auch in anderen Stadtteilen) an den Namenstag des heiligen Martin von Tours erinnert, Start: 17 Uhr am Stiftsplatz.
› **Hoppeditz' Erwachen:** Karnevalsauftakt am 11. November um 11.11 Uhr auf dem Rathausvorplatz in der Altstadt (www.comitee-duesseldorfer-carneval.de)
› **FIS Skilanglauf Weltcup Düsseldorf Sprint:** Im Dezember trifft sich auf der Rheinuferpromenade die Elite des Skilanglaufs. Dazu werden mitten in Düsseldorf ca. 3000 Kubikmeter Kunstschnee herangeschafft. Der Wettkampf wird von einem Rahmenprogramm begleitet, zum Beispiel Musikveranstaltungen, Aktionen für Kinder, Kulinarisches (www.worldcup-duesseldorf.de).
› **Weihnachtsmarkt:** In der Adventszeit (von Mitte/Ende November bis zum 23. Dezember) findet in der Innenstadt/Altstadt an verschiedenen Orten der Weihnachtsmarkt statt. Auf dem Marktplatz präsentieren Kunstschmiede, Glasbläser und Kerzenzieher ihre handwerklich gearbeiteten Produkte (www.duesseldorf-weihnachtsmarkt.de).

DÜSSELDORF FÜR CITYBUMMLER

Düsseldorf ist für seine kurzen Wege bekannt. Startpunkt für eine Besichtigungstour und zentraler Verkehrsknotenpunkt ist die U-Bahn-Haltestelle Heinrich-Heine-Allee. Von hier kommt man bequem zu Fuß zu den wichtigsten Sehenswürdigkeiten.

Die Altstadt ist eine reine Fußgängerzone. Der mittelalterliche Kern der Stadt um die **St. Lambertuskirche** ❹ und den Stiftplatz sowie später bebaute Gegenden wie der **Burgplatz** ❶, der Marktplatz mit dem **Rathaus** ⓫ oder der **Carlsplatz** ⓬ sind gut zu Fuß zu erkunden und hier konzentrieren sich auch die touristischen Highlights. Ein Orientierungssystem erleichtert dem Besucher den Weg durch die Stadt. **Wegweiser** an den einzelnen Sehenswürdigkeiten erklären den Weg von einem Ort zum anderen und geben erste Informationen.

Vor allem in der **Bolkerstraße** [J16] mit ihren vielen Kneipen, Pubs und Restaurants ist immer etwas los. Nicht umsonst wird die Altstadt auch als „längste Theke der Welt" bezeichnet. Südlich davon erstreckt sich die Carlstadt mit der **St. Maximiliankirche** ⓭ und dem **Stadtmuseum** (s. S. 53). Direkt an der Haltestelle Heinrich-Heine-Allee, dem zentralen Verkehrsknotenpunkt für U- und Straßenbahnen, befinden sich das **Carsch-Haus** ㉒ und schräg gegenüber das **Wilhelm-Marx-Haus** ㉑, in dem früher die Börse untergebracht war. Nur ein paar Meter weiter erreicht man bereits die **Königsallee** ㉜, die Shoppingmeile Düsseldorfs, die sich durch exklusive Geschäfte und zahlreiche Einkaufspassagen auszeichnet. Durch eine der Einkaufspassagen, die Kö-Galerie (s. S. 21), kommt man zur Berliner Allee ㉙, die parallel zur Königsallee verläuft, und schließlich dann zur **Immermannstraße** [L/M17], dem Zentrum der japanischen Gemeinde der Stadt.

Nördlich der Altstadt befinden sich der **Ehrenhof** 20, ein altes Messegelände, das heute mehrere Museen und Sammlungen beherbergt. Als Erstes ist die Tonhalle 19 mit ihrer runden Kuppel zu erkennen, dann folgt der Ehrenhof-Komplex mit seinen Museen. Noch weiter nördlich gelegen sind der **Nordpark** mit **Aquazoo-Löbbecke Museum** 40 und noch weiter nördlich der Stadtteil **Kaiserswerth** 41 (die beiden letztgenannten sind mit der U-Bahn oder Kaiserswerth auch per Schiff zu erreichen).

Interessant ist auch der Blick in eines der In-Viertel Düsseldorfs wie z. B. **Unterbilk,** das nur einen Katzensprung vom Medienhafen (s. S. 98) entfernt ist, oder **Flingern** im Nordosten der Stadt. Letzteres hat sich in den vergangenen Jahren zu einem echten **Trendviertel** entwickelt. Die Mischung machts und die ist hier äußerst gelungen: Läden, Kunstgalerien, Ateliers, Boutiquen, Handwerksbetriebe, Restaurants und Cafés liegen nebeneinander und geben dem Viertel sein besonderes Flair. Flingern ist eines der ältesten Viertel Düsseldorfs. Über mehrere Jahrhunderte hinweg war es vor allem landwirtschaftlich geprägt und spielte eher eine untergeordnete Rolle. Dies änderte sich jedoch im 19. Jh. mit der **Industrialisierung.** Flingern wurde zum Arbeiter- und Handwerkerviertel mit eher dichter Besiedlung. Das Städtische Gaswerk, die Kokerei für Gasgewinnung und die Müllverbrennungsanlage entstanden, was zu einer hohen **Umweltbelastung** führte. In den 1980er-Jahren war Flingern daher wenig angesehen. Viele Familien, vor allem die mit Kindern, zogen weg, Geschäfte mussten aufgeben, Wohnungen und Geschäfte standen auf einmal leer. Wegen der billigen Miete zog es schließlich viele Künstler in das Viertel und Ende der 1980er-Jahre wurde dann eine **Rauchgasentschwefelungsanlage** gebaut und die Luft damit wieder sauberer. Nach den Künstlern zog es auch wieder Ladenbesitzer und Gastronomen ins Viertel. Ehemalige Gebäude wurden umfunktioniert, wie man z. B. in der Lindenstraße 182 sehen kann: Dort wurde eine hydraulische Fabrik zu einem Blumenladen (Dornrose) und der hintere Teil des Gebäudes zur renommierten Galerie Schönewald und Beuse (s. S. 55) umgewandelt. Viele der **Häuserfassaden** aus der Jahrhundertwende sind in den letzten Jahren renoviert worden und erstrahlen in neuem Glanz. Viele **Designer** und **Künstler** haben hier ihre Werkstätten und Ateliers und Flingern ist inzwischen zu einem der angesagtesten Viertel Düsseldorfs geworden – was an den steigenden Mietpreisen deutlich zu erkennen ist. Die Hauptader des Viertels ist die Ackersstraße, die sich als wichtigste Einkaufsstraße mit kleinen Geschäften abseits des Mainstream durch das Viertel zieht. Auch eine rege Gastronomieszene ist hier entstanden. Viele Cafés mit Terrassen beleben das Viertel.

Besuchenswert ist auch **Schloss Benrath** 45 im Süden Düsseldorfs, das allerdings nur mit öffentlichen Verkehrsmitteln zu erreichen ist. Es ist als Sommerresidenz für Kurfürst Carl Theodor von der Pfalz in der zweiten Hälfte des 18. Jh. errichtet worden und liegt inmitten eines ausgedehnten Parks.

Düsseldorf wird vom Rhein durchzogen. Das eigentliche Stadtzentrum mit seinen Sehenswürdigkeiten befindet sich auf der rechten Rheinseite und erst durch Eingemeindungen kamen 1909 auch linksrheinische Gebiete dazu. So z. B. **Oberkassel** 42, das besonders bei den japanischen Einwohnern beliebt ist. Hier befindet sich auch das **EKO-Haus** 43, das japanische Kulturzentrum mit buddhistischem Tempel und Zen-Garten.

◀ *Die Spanische Treppe führt zum Burgplatz mit dem Schlossturm* 1

012df Abb.: hg

DÜSSELDORF FÜR KAUFLUSTIGE

Düsseldorf ist ein Mekka für Kauflustige. Die wohl schönste Einkaufsstraße der Stadt ist die Königsallee mit ihren vielen edlen Geschäften, zahlreichen Einkaufspassagen und traditionellen Läden. Mit Produkten abseits des Mainstream lockt z. B. das Trendviertel Flingern und dann gibt es am Carlsplatz noch den einzigen Wochenmarkt Nordrhein-Westfalens, der an sechs Tagen in der Woche geöffnet hat.

Direkt an der Haltestelle Heinrich-Heine-Allee befindet sich das Carsch-Haus 22 mit seinen Modeabteilungen. Das Untergeschoss ist als

Feinschmeckerbereich mit verschiedenen Lokalen – von italienisch bis zu thailändisch – gestaltet. Von der Heinrich-Heine-Allee aus ziehen sich viele Geschäfte die Flinger Straße entlang. Besonders schön ist auch der **Markt am Carlsplatz** ⓬, der als einziger in Nordrhein-Westfalen an sechs Tagen in der Woche geöffnet hat, und in der Hohen Straße [J17], die vom Carlsplatz Richtung Süden – zum Ständehaus, dem heutigen **K21** ⓯ – führt, finden sich viele elegante Mode-, Einrichtungs- und Kunstgeschäfte.

Mit **Flingern** und **Unterbilk** – hier vor allem die Lorettostraße [H19/20] – haben sich trendige Viertel mit kleinen Geschäften, Boutiquen und Cafés entwickelt. Am besten schlendert man in Flingern einmal die Ackerstraße entlang, dazu beginnt man an der Kreuzung Beethovenstraße/Ackerstraße [O15]. Hier finden sich Modegeschäfte abseits des Mainstream mit kleineren oder sogar eigens kreierten Labels. Besonders schön ist auch die Parallelstraße: die Lindenstraße mit ihren Jugendstilbauten. Auch hier finden sich zahlreiche kleine Läden, Boutiquen mit ausgefallenen Klamotten, ein Blumenladen, der sich das Gebäude mit einer renommierten Galerie teilt, und das einzig vegetarische Restaurant Düsseldorfs. Auch ein Bummel über die Hermannstraße [P15] lohnt sich. Aber Achtung: Viele der kleinen Läden haben am Samstag nur bis 14 Uhr geöffnet.

Im Stadtteil Bilk ist mit den **Bilker Arkaden** (S-Bahn-Station Bilk) eine neue Einkaufspassage mit zahlreichen Geschäften entstanden. Die berühmte **Königsallee** ㉜ gehört zu den großen **Prachtboulevards** in Europa und ist vor allem für Modeinteressierte ein wahres **Einkaufsparadies.** Alle großen Namen der Modewelt wie zum Beispiel Giorgio Armani, Chanel, Dior, Gucci, Prada, Tiffany, Louis Vuitton oder Tommy Hilfiger sind hier vertreten und bei beispielsweise Eickhoff Mode (s. S. 23) findet man alle Marken in einem Geschäft konzentriert. Neben **Luxusgeschäften** gibt es aber auch **traditionelle Düsseldorfer Geschäfte, Galerien,** Shops mit **Independent-Labels** oder **günstigeren Marken** wie Zara oder Cos, **Juweliergeschäfte, Parfümerien** und **Einrichtungsläden.** In den **Seitenstraßen** der „Kö" haben sich ebenfalls Geschäfte angesiedelt und in den großen **Einkaufspassagen** konzentrieren sich viele weitere Läden.

Etwas versetzt liegen die **Schadow-Arkaden** (s. S. 21). Dahinter beginnt die **Schadowstraße,** eine der umsatzstärksten Einkaufsstraßen in Düsseldorf. Allerdings erschwert der U-Bahn-Bau den Einkauf, da viele Geschäfte bis zum Bauende (2014) nur schwer zugänglich sind.

Wer vom Shoppen müde ist, kann auch einfach flanieren – mehr als 5000 m² **Grünfläche** und 200 Kastanienbäume und Platanen laden dazu ein – oder einen Cappuccino in einem der vielen Cafés genießen, denn auch **gastronomisch** hat die Königsallee einiges zu bieten. Unter den vielen Cafés, Restaurants und Szenebistros ragen zwei gastronomische Highlights heraus: das **Victorian** (s. S. 33), in dem der Sternekoch Volker Drkosch kocht, und am unteren Ende der Königsallee das **Monkey's West** (s. S. 32), in dem Christian Penzhorn Küchenchef ist, der für seine Küche bereits mehrfach ausgezeichnet wurde.

› Einen Überblick über die Königsallee mit ihren Geschäften, Galerien und Lokalen findet man im Internet unter www.koenigsallee-duesseldorf.de.

EINKAUFSPASSAGEN AN DER KÖNIGSALLEE

1 [K16] **Galeria Kaufhof,** Königsallee 1–9, www.galeria-kaufhof.de, geöffnet: Mo.–Sa. 9–20 Uhr. In einem historischen Gebäude, das von dem Wiener Architekten Josef Maria Olbrich im Jugendstil errichtet wurde, befinden sich unter dem Dach von Galeria Kaufhof mehr als 150 Markenshops.

2 [K16] **Kö-Center,** Königsallee 30, Mo.–Fr. 10–19 Uhr, Sa. 10–18 Uhr. Die älteste der Düsseldorfer Ladenpassagen mit Boutiquen und der Konditorei Heinemann (s. S. 37) mit ausgezeichneten Schokoladen und Kuchen. Das Gebäude ist in schwarzem Marmor, silbrig glänzendem Aluminium und Edelstahl gehalten und nur in rechten Winkeln gestaltet.

3 [K17] **Kö-Galerie,** Königsallee 60, www.koegalerie.com, Shops: Mo.–Fr. 10–20 Uhr, Sa. 10–18 Uhr. Die Galerie hat in den 1980er-Jahren einen Preis als schönste Einkaufspassage Westeuropas gewonnen. Ansässig sind vor allem Modegeschäfte und ein Feinkost- und Schlemmerareal.

4 [K16] **Schadow-Arkaden,** Schadowstr. 11, www.schadow-arkaden.com, Shops: Mo.–Sa. 10–20 Uhr. Nur einen Katzensprung von der Kö entfernt befinden sich die Schadow-Arkaden, die an ihrem markanten Eingangsturm leicht zu erkennen sind. Sie bieten Modegeschäfte, ein italienisches Restaurant, Imbisslokale und ein Theater.

5 [K17] **SEVENS,** Königsallee 56, www.sevens.de, Shops: Mo.–Sa. 10–20 Uhr. Auf sieben Etagen finden sich unterschiedliche Produktbereiche wie Fashion, Accessoires, Beauty, Technik und Food. Bis Oktober 2011 wird renoviert und viele Läden haben geschlossen.

6 [K17] **Stilwerk,** Grünstr. 15, www.stilwerk.de, Shops: Mo.–Fr. 10–19 Uhr, Sa. 10–18 Uhr. Hier gibt es alles rund ums Wohnen, Designprodukte und Lifestyle-Accessoires. Alle renommierten Möbelmarken sind unter einem Dach konzentriert.

7 [K17] **WZ-Center,** Königsallee 27–31. Internationale Designermode und exklusive Schmuckgeschäfte. Die meisten Shops haben Mo. bis Fr. 10 bis 19 Uhr und Sa. 10 bis 18 Uhr geöffnet.

> KLEINE PAUSE
>
> ### *Über den Dächern von Düsseldorf*
>
> Nach dem Einkaufsbummel noch an den Strand? Galeria Kaufhof am Wehrhahn macht es möglich, denn auf dem Dach des Warenhauses befindet sich der Citystrand von Düsseldorf. Etwa 100 Tonnen Sand wurden aufgeschüttet, es gibt zwei Pools (die allerdings nur knöcheltief sind), Liegestühle und einen atemberaubenden Blick über die Stadt.
>
> •8 [L16] **Citystrand Düsseldorf,** Am Wehrhahn 1, Parkdeck 9, Kaufhof, www.citystrand.de, Tel. 327990, geöffnet: Juli–Sept. und nach Wetterlage Mo.–So. 11–23 Uhr

TYPISCHE DÜSSELDORFER PRODUKTE

9 [J16] **Gewürzladen Vogel,** Mertensgasse 25, Altstadt, Tel. 325788, www.gewuerzhaus-altstadt.de, geöffnet: Di.–Fr. 9.30–18 Uhr, Mo. 9.30–12.30 Uhr und 15–18 Uhr, Sa. 9.30–15 Uhr. Ganz im Gegensatz zu seinem Namen ist der Gewürzladen bei den Düsseldorfern nicht in erster Linie für seine Gewürze, sondern vor allem für seinen Senf bekannt. Senf („Mostert") ist aus Düsseldorf nicht wegzudenken und hier, in dem nur ca. 10 m² großen Laden, lassen die Brauhäuser der Altstadt ihre blau-weißen

Steinguttöpfchen („Blauzeug") wieder auffüllen: mit dem ABB-Senf. Er ist nach dem Firmengründer Adam Bernhard Bergrath und seiner Frau Anna Bertha benannt. 1726 wurde in Düsseldorf die erste Senffabrik gegründet und seitdem ist der Düsseldorfer ABB-Senf in der ganzen Welt bekannt. Ansonsten gibt es in dem Laden neben weiteren Senfsorten auch alle nur erdenklichen Gewürze von A wie Anis bis Z wie Zimt.

10 [J16] **Killepitschstube Et Kabüffke,** Flinger Straße1, Tel. 133269, www.killepitsch.de, geöffnet: Mo.–Fr. 11–24 Uhr, Sa. 11–1 Uhr. Killepitsch ist ein Kräuterlikör, den es nur in Düsseldorf gibt, und deshalb ist er ein ausgezeichnetes Mitbringsel. Nach einem deftigen Essen in einer der Hausbrauereien räumt er außerdem im Magen kräftig auf. Am besten verkostet man den Kräuterlikör in der Killepitschstube Et Kabüffke, einem urigen Ladenlokal (Geschäft und Trinkstube zugleich) mitten in der Altstadt. Untergebracht ist der Laden in einem historischen Haus aus dem 18. Jh. Daneben gibt es im Laden ein großes Sortiment an anderem Hochprozentigem.

11 [J17] **Senfladen,** Berger Str. 29, Tel. 8368049 oder 41590, www.loewensenf-senfladen.de, geöffnet: Mo.–Sa. 10–19 Uhr. Dieser Laden ist Verkaufsstelle und Museum in einem. Schautafeln und Ausstellungsstücke erklären die Geschichte der Senfherstellung. Senfsaaten werden in Säcken präsentiert. Zu kaufen gibt es Senf von klassisch bis zu exotisch: Chillisenf, Feigensenf, Altbiersenf und Coconut-Curry-Senf stellen hier nur eine kleine Auswahl dar.

013df Abb.: hg

◀ *Im Et Kabüffke gibt es den beliebten Kräuterlikör Killepitsch*

LEBENSMITTEL

› **Brot und Butter,** Teil von Manufactum (s. S. 25), Tel. 6683853, www.brot-und-butter.de, geöffnet: Mo.–Fr. 10–19 Uhr, Sa. 10–18 Uhr. In diesem Laden – eine Kombination aus Geschäft und Bistro – gibt es gute, nach alter Tradition hergestellte Produkte. Vorne im Laden wird frisches Brot im Steinofen gebacken, in der Theke lagern Käse, Wurst, Aufstriche und Kuchen. Regale mit Kaffee, Marmelade, Pasta, Süßigkeiten und Eingelegtem komplettieren das Angebot. Die gute Qualität hat zwar ihren Preis, dafür gibt es hier, was man sonst nirgendwo findet.

12 [J17] **Hinkel-Bäckerei,** Mittelstraße 25 (Hauptgeschäft), Tel. 86203421, www.baeckerei-hinkel.de, geöffnet: Mo.–Fr. 6–18.30 Uhr, Sa. 6–16 Uhr (im Advent bis 18 Uhr). Die „Bäckerei für Brotfreunde" ist wohl tatsächlich die beliebteste Bäckerei in Düsseldorf. Seit 1891 ist sie in der Carlstadt zu Hause. Schon die Auslage präsentiert die Vielfalt an Brot. Viele Backwaren sind im Laufe der Zeit neu kreiert worden und nur hier zu finden. Manche sogar auch nur zu bestimmten Zeiten wie z. B. der Hinkel-Stollen in der Adventszeit. Hier wird noch mit guten Zutaten gebacken. Sauerteige werden nach alter Tradition in der Backstube angesetzt und gezüchtet. Und es gibt alles zu einem fairen Preis.

13 [P15] **Il Mugello,** Ackerstraße 184, Tel. 2304076, www.il-mugello.de, geöffnet: Di.-Do. 15-19 Uhr, Fr. 10-14 Uhr und 15-19 Uhr, Sa. 10-15 Uhr. Feinkostladen mit ausgezeichnetem Sortiment an Wein, Käse, Schinken, Salami, Öl und Honig, vor allem aus Italien. Doch auch französische Weine oder auch Produkte des Lifestyle-Labels Sansibar aus Sylt sind hier erhältlich. Benannt ist das Geschäft nach einem kleinen Gebiet in der Toskana und es werden auch regelmäßig Feinkostabende veranstaltet.

14 [J17] **Kaffeereich,** Wochenmarkt Carlsplatz, Stand D2, Tel. 4234239, www.kaffeereich.de, geöffnet: Mo.-Sa. 8-18 Uhr. In der kleinen Kaffeerösterei am Carlsplatz gibt es eine große Auswahl unterschiedlichster Kaffee- und Espressosorten aus allen Erdteilen zum Mitnehmen. Im zugehörigen Café, dem kleinsten von Düsseldorf, kann man die Kaffeespezialitäten auch direkt verkosten und dazu kleine süße Happen wie die italienischen Mandorle (Mandelgebäck) genießen. Einen weiteren Laden gibt es in der Friedrichstraße 130 (Tel. 5461265).

15 [P16] **Markt am Hermannplatz,** Hermannplatz. Am Samstag von 8 bis 13 Uhr gibt es am Hermannplatz einen kleinen Markt mit Produkten aus der Region.

MODE, KLEIDUNG, ACCESSOIRES

Düsseldorf ist als Modestadt bekannt und hier findet regelmäßig die CPD, die Modemesse statt. Viele Showrooms befinden sich an der Kaiserswerther Straße in Richtung Messe oder immer häufiger auch im Medienhafen. Die Edelmarken der Modebranche gibt es vor allem an der Königsallee. Kleinere Labels neuer Kreativer haben sich dagegen eher in den Trendvierteln Flingern und Unterbilk angesiedelt.

16 [H20] **bedacht,** Neusser Straße 125, Unterbilk, www.bedacht-online.de, Tel. 87637500, geöffnet: Di.-Fr. 11-18 Uhr, Sa. 10-14 Uhr. Die angebotenen Hüte und Accessoires sind Eigenkreationen und der Name ist dabei Programm: Es wurde auf hochwertige Materialien geachtet und jedes Detail mit Liebe „bedacht". Die Auswahl reicht von frech und sportlich bis zu chic und elegant.

17 [K16] **Eickhoff Mode,** Königsallee 30, Tel. 86201026, www.veryeickhoff.com, geöffnet: Mo.-Sa. 10-19 Uhr. Eines der schönsten und exklusivsten Geschäfte für Mode. Wer keine Lust hat, sich in den einzelnen Shops der verschiedenen Modelabels umzusehen, findet hier mehr als 120 internationale Designerkollektionen konzentriert auf über 1000 m².

18 [P15] **funky kleidsam,** Ackerstraße 145, Flingern, Tel. 61089956, www.kleidsam.eu, geöffnet: Di.-Fr. 12-19 Uhr, Sa. 11-16 Uhr. Mode, die jung, frisch und farbenfroh ist. Ein vielfältiges Angebot an liebevoll ausgewählten Kleidungsstücken verschiedener Labels abseits des Mainstream zu erschwinglichen Preisen. Es ist bereits das zweite Geschäft in Düsseldorf. Der erste „kleidsam"-Laden entstand 2004 in Unterbilk (Neusser Straße 123).

19 [P15] **Hausfreund,** Ackerstraße 155, Tel. 2396362, www.dein-hausfreund.de, geöffnet: Mo.-Fr. 12-19 Uhr, Sa. 12-16 Uhr. Produziert wird in Deutschland bzw. im eigenen Atelier, die Rohmaterialien kommen ebenfalls aus Deutschland oder dem europäischen Ausland. Die meisten Produkte sind aus organischer Baumwolle und/oder Fairtrade-Artikel. Verkauft werden vor allem Kleidungsstücke und Produkte für den Haushalt wie Wäschesäcke, Kulturbeutel, Tischsets usw.

20 [J16] **Jades,** Heinrich-Heine-Allee 53, www.jades-fashion.com, geöffnet: Mo.-Fr. 10-19 Uhr, Sa. 10-18 Uhr. Auch nur Schauen lohnt sich, denn der Laden ist ein Designertempel, bei dem Gegensätze aufeinandertreffen und auch Promis gern vorbeischauen. Geboten wird eine Mischung aus Glamour und Rock 'n' Roll. Mode von Givenchy findet sich neben Sportswear-Labels wie True Religion, Mode von Stella McCartney und Rockstar Outfits wie z. B. von Thomas Wylde wieder.

21 [J16] **Norman Icking,** Kasernenstraße 6, Tel. 131317, www.norman-icking.de, geöffnet: Mo.-Fr. 10-19 Uhr, Sa. 10-16 Uhr. Einer der beliebtesten Designer in Düsseldorf. Zu kaufen gibt es festliche Kleidung mit Tüll, Seide, Pailletten und Glitter. Im gestylten Laden finden sich auch Kleider von Julien Macdonald oder Schuhe von Nanini. Im Atelier in der Hermannstr. 23 in Flingern findet auch regelmäßig ein Verkauf von Ware der letzten Saison zu günstigeren Preisen statt.

22 [P15] **URSBOB,** Hermannstraße 33, Tel. 6999696, www.ursbob.de, geöffnet: Di.-Fr. 15-19.30 Uhr und nach Vereinbarung. Die Modedesignerin Ulla Meiners kreiert in ihrer Werkstatt farbenfrohe, junge Mode und verkauft sie zu erschwinglichen Preisen im angrenzenden Laden. Sie fertigt auch nach Maß an.

BUCHHANDLUNGEN

23 [K16] **Mayersche Droste,** Königsallee 18, Tel. 54256900, www.mayersche.de, geöffnet: Mo.-Fr. 10-20 Uhr, Sa. 9.30-20 Uhr. Buchhandlung auf mehreren Etagen direkt an der Königsallee. Modern gestaltet und mit Leseinseln. Großes Sortiment, auch in der englischsprachigen Abteilung und bei den Hörbüchern. Ein kleines Café befindet sich auf der zweiten Etage und bietet neben Getränken auch kleine Snacks und Kuchen.

24 [J19] **Stern-Verlag,** Friedrichstraße 24-26, Tel. 38810, www.buchhaus-sternverlag.de, geöffnet: Mo.-Sa. 9.30-20 Uhr. Das größte Buchhaus in Düsseldorf hat eine lange Tradition. Nur einen Katzensprung vom unteren Ende der Königsallee entfernt gibt es auf 8000 m² von Belletristik über Fachbücher bis hin zu Antiquariatsbüchern Lesestoff für die Großen und die Kleinen. Eine eigene Kinderbuchabteilung mit Spielecke befindet sich im Untergeschoss. Lese- und Ruhezonen sind auf jeder Etage zu finden und der begrünte Innenhof lädt zum Verweilen ein.

KLEINE PAUSE

Café im Stern-Verlag

Im Untergeschoss des Buchhauses Stern-Verlag (s. S. 24) befindet sich ein Café mit Blick auf den begrünten Innenhof. Hier gibt es neben Getränken wie Kaffee, Tee und Säften auch Bagels, Sandwiches und Kuchen. Das Café ist immer gut besucht.

25 [J16] **Walther König,** in der Kunsthalle, Grabbeplatz 4, Tel. 136210, www.buchhandlung-walther-koenig.de, geöffnet: Mo.-Sa. 10-19 Uhr, So./feiertags (nur wenn die Kunsthalle geöffnet hat) 13-18 Uhr. Gut sortierte Buchhandlung, die sich auf Kunst spezialisiert hat. Weitere Filialen finden sich im K20 (7) und K21 (15).

SONSTIGE LÄDEN

26 [P15] **Atelier Angela „Spook",** Ackerstraße 191, im Hinterhof, geöffnet: Mo./Mi.-Fr. 17-18 Uhr, Sa. 15-18 Uhr, So. 10-12 Uhr. Als Hexe verkleidet steht die Künstlerin jeden Tag von Mittag bis zum frühen Nachmittag auf der Königsallee. In Flingern hat sie ihr Atelier. Besonders beliebt sind ihre Pflanzenbilder und die selbst gemalten Postkarten.

► *Die Immermannstraße [L/M17] bietet viele japanische Geschäfte*

27 [P15] **Blattgold,** Hermannstraße 28, www.blattgold-duesseldorf.de, Tel. 682841, geöffnet: Di.-Fr. 10-13 und 14-18 Uhr, Sa. 10-14 Uhr. Die Werkstattgemeinschaft Adolphs/Beyermann besteht aus einem Buchbinder und einer Goldschmiedin. Schön gestaltete Schmuckstücke in Einzelanfertigung.

28 [P15] **Blumenladen Dornrose,** Lindenstraße 182, www.dornrose.de, geöffnet: Di.-Fr. 9-18.30 Uhr, Sa. 9-15 Uhr. Puristisch eingerichteter Blumenladen in einer ehemaligen Hydraulikfabrik. Mit einem kleinen, aber feinen Sortiment und Blumensträußen abseits des Mainstream. Im Hinterhof befindet sich die renommierte Galerie Schönewald und Beuse mit moderner Kunst.

29 [H19] **Daumenschale Keramik,** Lorettostraße 33, www.daumenschale.de, Tel. 305544, geöffnet: Mo.-Mi. 17-20 Uhr und nach Absprache. Die Töpferwerkstatt von Rosemarie Dohmen befindet sich in einem schönen Hinterhof. Hier stellt die Künstlerin ihre Keramiken her, die sehr von Japan beeinflusst sind, hier verkauft sie sie und hier gibt sie auch Kurse. Die Vasen, Tassen und Teekannen strahlen eine puristische Eleganz aus. Wer keine Zeit findet, die Künstlerin im Atelier zu besuchen: Ihre Werke sind so beliebt, dass sie auch im Hetjens-Museum für Keramik (s. S. 50) zu kaufen sind.

30 [J16] **Jeck und Jedöns,** Berger Straße 11-13, www.jeckjedoens.de, Tel. 8693009, geöffnet: Mo.-Fr. 11-20 Uhr, Sa. 10.30-20 Uhr. Was wäre Düsseldorf ohne Karneval? Hier gibt es das passende Outfit dazu: Kostüme, Masken, Bärte, Perücken und Schminke. Eben alles, was das Narrenherz begehrt.

31 [M17] **Kyoto – Japan Art Deco,** Immermannstraße 26, Tel. 3352736, geöffnet: Mo.-Fr. 10-19 Uhr, Sa. 10-18 Uhr. Mitten im japanischen Viertel liegt dieser schöne Laden mit japanischen Designwaren. Hier findet sich alles, was

014df Abb.: hg

japanische Einrichtung so anziehend macht: Ziervasen, Sake-Sets, Essstäbchen, Geschirr, Kissen, Lampen und sogar die klassischen japanischen Tische.

32 [K17] **Manufactum,** Steinstraße 4, Tel. 6020888, www.manufactum.de, geöffnet: Mo.-Fr. 10-19 Uhr, Sa. 10-18 Uhr. „Es gibt sie noch, die guten Dinge", unter diesem Motto wirbt Manufactum für seine Produkte, die nach traditionellen Produktionsverfahren und oft in Handarbeit hergestellt werden. Die Produktpalette bietet alles, was man so im täglichen Leben braucht. Von Geschirr und handgenähten Schuhen bis zu Bettdecken und historischen Lampen. Auch „Gutes aus Klöstern" ist im Angebot: Gesichtscremes, Lotionen oder Plätzchen – in Klöstern hergestellt. Gute Qualität zu entsprechend hohen Preisen. Angeschlossen ist die Schlemmeroase Brot und Butter, in der es nach frisch gebackenem Brot duftet.

DÜSSELDORF FÜR GENIESSER

Die rheinische Küche ist eher deftig und lässt sich am besten in den urigen, traditionellen Hausbrauereien verkosten. Daneben bietet Düsseldorf aber auch eine breite Palette guter Lokale mit internationaler Küche und natürlich ist die Stadt vor allem auch für ihre japanischen Restaurants bekannt.

ESSEN UND TRINKEN

Neben Senf und Altbier haben auch **Fisch** und **Muscheln** in der rheinischen Küche schon immer eine große Rolle gespielt, denn bevor Düsseldorf im Jahr 1288 zur Stadt erhoben wurde, war es ein Fischerdorf. Muscheln nach rheinischer Art sind eine Delikatesse. Sie werden in einem Sud aus Möhren, Lauch, Zwiebeln und Weißwein gekocht. Eine typische Spezialität ist auch **Schweinehaxe in Altbiersoße.** Das **Altbier** ist ein obergäriges Bier, bei dem die Gärung bei höherer Temperatur erfolgt. Der Name „Alt" kommt deshalb auch vom lateinischen Wort *altus* („hoch").

Die Geschichte der Stadt ist auch eng mit **Senf**, im Dialekt „Mostert" genannt, verbunden. Nach einer Rezeptur des Senffabrikanten Adam Bernhard Bergrath wurde der ABB-Senf (s. S. 22) hergestellt. 1920 kam dann noch der scharfe Löwensenf dazu und so ist Senf die Basis für viele Gerichte, so z. B. die Düsseldorfer Senfsuppe, ein Gemisch aus Sahne, Milch, Weißwein, Apfelsaft und Senf, das es in sich hat. Typisch sind auch Gerichte mit Gemüse wie **Ääzezupp** (Erbsensuppe) oder **Rievkooche** (Reibe-

015df Abb.: hg

DIE SPEISEKARTE VERSTEHEN

- Der **Halve Hahn** ist kein halbes Hähnchen, sondern ein Brötchen (meist aus Roggenmehl), das mit Käse belegt ist.
- Beim **Röggelchen** handelt es sich um ein Roggenbrötchen.
- **Killepitsch** ist ein typischer Düsseldorfer Kräuterlikör, der sich aus Alkohol, Zucker und 98 Beeren-, Kräuter- und Wurzelsorten zusammensetzt.
- **Himmel und Äärd** bedeutet „übersetzt" Blutwurst auf Kartoffelpüree.

kuchen), die aus Kartoffeln gemacht werden. Alles in allem ist die rheinische eine deftige Küche, nach deren Genuss man gut etwas zur Verdauung gebrauchen kann. Kein Wunder, dass man in Düsseldorf deshalb auch gleich den **Verdauungslikör** dazu erfunden hat, den Killepitsch, einen Kräuterlikör, der aus Alkohol, Zucker und 98 verschiedenen Beeren-, Kräuter- und Wurzelsorten besteht.

Neben den traditionell rheinischen Lokalen gibt es in Düsseldorf aber natürlich auch eine Vielzahl hervorragender Restaurants mit **internationaler Küche.** Neben italienischen, französischen und spanischen Lokalen sind auch die Restaurants mit für Europäer „exotischerer" Küche einen Besuch wert, so z. B. die thailändischen, laotischen, vietnamesischen oder chinesischen Gastronomiebetriebe.

Die meisten **japanischen Restaurants** befinden sich in der Immermannstraße [L/M17], dem Zentrum der japanischen Gemeinschaft, und in der Parallelstraße, der Klosterstraße. Dass die japanische Küche nicht nur Sushi zu bieten hat, lässt sich hier leicht feststellen. Beliebt sind vor allem auch Nudelsuppen oder auch Tempura, also frittierte Speisen wie Gemüse, Meeresfrüchte, Fisch oder Tofu. Die japanische Küche gilt als fettarm und gesund. Zum Essen wird meist Sake, Bier oder Grüner Tee getrunken. Es ist üblich, in einem Restaurant ca. 10 Prozent **Trinkgeld** zu geben. In Japan verhält sich das zwar eigentlich anders – dort gibt man normalerweise kein Trinkgeld, denn der gute Service gehört einfach dazu –, die japanischen Lokale in Düsseldorf haben sich an deutsche Verhältnisse angepasst: Wer möchte, gibt also auch hier Trinkgeld. Wichtig: Oft wird bei kleineren japanischen Lokalen an der Kasse bezahlt und in einigen Lokalen ist es üblich, dass man wartet, bis man einen Platz zugewiesen bekommt.

PREISKATEGORIEN

Die Gastronomiepreise sind in Düsseldorf im Vergleich zu anderen Städten eher hoch. Die angegebenen Preiskategorien beziehen sich auf ein Hauptgericht ohne Getränke.

€	bis 10 €
€€	bis 18 €
€€€	über 18 €

◄ *Im Sommer ist das Uerige (s. S. 29) ein beliebter Treffpunkt*

HERVORHEBENSWERTE LOKALE

Deutsche bzw. rheinische Küche

33 [J17] **Brauerei Zum Schiffchen** €€, Hafenstraße 5, Tel. 132421, www.brauerei-zum-schiffchen.de, geöffnet: Mo.–So. 11.30–24 Uhr. Es ist eines der ältesten Lokale in Düsseldorf und schon Napoleon hat hier mit seinen Offizieren gegessen, als er 1811 für einige Tage in der Stadt war. In einem der Säle ist heute noch eine Büste von ihm aufgestellt. Bei schönem Wetter kann der Gast auf der großzügigen Außenterrasse sitzen und die deftige Brauhauskost genießen.

34 [I12] **Canoo** €€, Robert-Lehr-Ufer 19, Tel. 49554888, geöffnet: tägl. 10–24 Uhr. Essen auf einem alten Kahn mit Blick auf den Rhein. Minimalistisch eingerichtet. Beliebt ist der Sonntagsbrunch von 10 bis 15 Uhr. Um sich die besten Plätze auf Deck zu sichern, sollte man am besten reservieren. Beliebt sind vor allem der Düsseldorfer Senfrostbraten und die Salate.

35 [I16] **En de Canon** €€, Zollstraße 7, Tel. 329798, geöffnet: tägl. 17.30–24 Uhr. Traditionelle Gerichte wie z. B. Matjes in allen Variationen in historischem Ambiente und angeblich sollen die Rinderrouladen die besten in der ganzen Stadt sein. Das Restaurant ist eines der ältesten Gasthäuser Düsseldorfs. Hier kehrte im 17. Jh. schon Kurfürst Jan Wellem gern ein. Es liegt idyllisch in der Altstadt nicht weit vom Rhein und hat einen kleinen Biergarten.

36 [J16] **Fischhaus** €€, Berger Straße 3, www.fischhaus-duesseldorf.de, Tel. 8549864, geöffnet: tägl. 11–24 Uhr, Küche bis 23 Uhr. Ein beliebtes Fischrestaurant mitten in der Altstadt, das von Einheimischen und Touristen gleichermaßen gern besucht wird. Der vordere Bereich ist im Bistrostil mit blanken Marmortischen gehalten. Die Karte bietet Fisch und Meeresfrüchte vom einfachen Backfisch mit Kartoffelsalat bis hin zu Loup de Mer vom Grill oder Fines-de-Claires-Austern. Draußen kann man dem Treiben in der Altstadt zusehen.

37 [J15] **Im Füchschen** €€, Ratinger Str. 28, Tel. 1374716, www.fuechschen.de, geöffnet: Mo.–Do. 10–1 Uhr, Küche bis 22.30 Uhr, Fr./Sa. und vor Feiertagen 10–2 Uhr, Küche bis 24 Uhr, So. 9–24 Uhr, Küche bis 23 Uhr. Hier wird Alt frisch gezapft und von den Köbessen (Kellnern) serviert. Dazu gibt es Happen für den kleinen Hunger wie z. B. rheinische Tapas, die aus Gouda, Blutwurst, Mettwurst, Gewürzgurke, Brot und Butter bestehen, oder deftige Hausmannskost. Fleisch- und Wurstwaren kommen aus der hauseigenen Metzgerei und es gibt einen eigenen Raucherbereich.

38 [J16] **Im Goldenen Kessel** €€, Bolkerstraße 44, www.schumacher-alt.de, Tel. 326007, geöffnet: Mo.–Do./So. 10–24 Uhr, Fr./Sa. 10–1 Uhr, Küche 12–23 Uhr. Hier gibt es typisches Brauhausambiente, rustikal mit blank gescheuerten Tischen, und es wird vor allem rheinische Hausmannskost serviert. Dreimal im Jahr gibt es das „Latzen Jazzen“, Jazzmusik und dazu stark eingebrautes Bier. Eigener Raucherbereich.

39 [I13] **Rheinterrasse** €, Josef-Beuys-Ufer 33, www.rheinterrasse-duesseldorf.de, Tel. 497770, geöffnet: von April bis Oktober bei schönem Wetter Mo.–Sa. 15–24 Uhr, So. 12–24 Uhr. Biergarten direkt am Rhein, schräg gegenüber vom Ehrenhof. Ursprünglich war die

▶ *Die Rheinterrasse (s. S. 28) ist das alte Messerestaurant*

Rheinterrasse Teil des Ehrenhofs und diente als Messerestaurant. Es gibt Kleinigkeiten wie z. B. Laugenbrezeln, Bockwürstchen und Pommes und dazu ein frisches Bier. Von hier ist der Blick auf den Rhein besonders schön und direkt am Ufer ist ein Bootsanleger – falls man eine Schiffstour plant.

40 [J16] **Uerige** €, Berger Straße 1, Tel. 866990, www.uerige.de, geöffnet: tägl. 10–24 Uhr. Das Uerige ist schon seit Langem eine Institution in der Stadt. Vormals ein Weinlokal, dreht sich seit etwa 150 Jahren alles ums Altbier, und das ist weit über die Stadtgrenzen hinaus bekannt. Der englische Bierkritiker Michael Jackson rechnet es sogar zu den Top 5 der deutschen Altbiere. Essen spielt hier deshalb auch nur eine untergeordnete Rolle. Meist wird ein Tagesgericht angeboten, z. B. am Samstag immer die bekannte Erbsensuppe. Ansonsten lässt man sich kleine Happen zum Bier munden: Brötchen mit Blutwurst, Gouda oder Mett.

41 [J16] **Weinhaus Tante Anna** €€€, Andreasstraße 2, www.tanteanna.de, Tel. 131163, geöffnet: Mo.–Sa. ab 18 Uhr, Küche bis 23.30 Uhr. Dass die rheinische Küche nicht immer schwer und deftig sein muss, merkt der Gast in diesem Lokal und speist zugleich an einem historischen Ort, denn hier war früher die Kapelle des Jesuitenklosters. Es gibt holzgetäfelte Wände und alte Ölgemälde zieren die Gaststube. Vom ursprünglichen Gotteshaus sind noch zwei Altarsäulen übrig. Seit 1820 ist das Lokal im Besitz der Familie Oxenfort, die hier in rustikalem und gepflegtem Ambiente rheinische Gerichte in verfeinerter Variante serviert. Es werden (nicht ganz billige) Menüs mit dazu passenden Weinen angeboten. Das Lokal verfügt über eine große Auswahl an erlesenen Tropfen und der Service ist perfekt.

42 [J16] **Zum Schlüssel** €€, Bolkerstraße 41–47, www.zumschluessel.de, Tel. 8289550, geöffnet: So.–Do. 10–24 Uhr, Fr./Sa./vor Feiertagen 10–1 Uhr; Biergarten Mi./Fr. 17–23 Uhr, Sa./So. 12–23 Uhr. Eine der traditionellen Hausbrauereien mit urigem Ambiente, leckerem Altbier und rheinischen Spezialitäten wie z. B. der rheinischen Kartoffelsuppe mit Mettenden.

017df Abb.: hg

016df Abb.: hg

Internationale Lokale

43 [N15] **Bar Olio** €€, Schirmerstraße 54, Tel. 3677294, geöffnet: Mo.–So. 11–1 Uhr, Küche von 12–15 und 18–22 Uhr. Das Restaurant befindet sich in einem ehemaligen Wärterhäuschen auf dem Gelände des alten Güterbahnhofs und ist vor allem bei Szenepublikum – von alternativ bis chic – sehr beliebt. Im Angebot ist überwiegend mediterrane Küche. Bei schönem Wetter sind die vielen Tische draußen schnell besetzt.

44 [H19] **D'Vine** €€€, Lorettostraße 23, Tel. 54357428, www.d-vine.de, geöffnet: Mo.–Sa. ab 11 Uhr, Küche ab 12 Uhr. Nur einen Katzensprung vom Medienhafen entfernt befindet sich dieses erstklassige Lokal, bei dem schon die Einrichtung überzeugt: ein schlicht-eleganter Raum mit modernen Kunstwerken an den Wänden. Die äußerst kreative Küche bietet Gerichte, die von regional bis zu mediterran mit saisonaler Ausrichtung reichen. Die Weinkarte ist ausgesprochen umfangreich. Die meisten Weine werden auch glasweise ausgeschenkt. Sehr professioneller Service.

45 [M13] **Em Brass** €€, Moltkestraße 122, Tel. 36183617, geöffnet: Mo.–So. 17–24 Uhr, Küche 18–23 Uhr. „Em Brass" bedeutet „im Stress", von Hektik ist aber in diesem Lokal nichts zu spüren. Der Koch nimmt sich die Zeit, um die Speisen – Pasta, mediterrane Gerichte mit asiatischen Anleihen und Fischgerichte – frisch zuzubereiten. Das Lokal hat nur ca. 20 Sitzplätze, also sollte man besser reservieren. Bei schönem Wetter gibt es auch draußen Plätze.

46 [L18] **Essbar** €, Pionierstraße 24, Tel. 1579305, www.hm-essbar.de, geöffnet: Mo.–Fr. 12–15 Uhr und 18–21 Uhr, Küche bis 20.30 Uhr. Dieses kleine Lokal ist fast noch ein Geheimtipp, denn es liegt ein Stück von den üblichen

▲ *Das Zum Schlüssel (s. S. 29) ist eine der traditionellen Düsseldorfer Hausbrauereien*

EXTRATIPP

Tour de Menu

Mehr als 50 Restaurants vom Brauhaus bis zum Sternerestaurant kochen im März/April **im Wettstreit** gegeneinander. Über ca. drei Wochen hinweg können Gäste die Restaurants testen und die Menüs beurteilen. Mehr Infos findet man unter www.rheinlust.de/index.php/tourdemenu.html.

Sehenswürdigkeiten entfernt nicht weit vom Hauptbahnhof. Es bietet solide italienische Küche, und das zu günstigen Preisen. Knapp 20 Plätze drinnen, bei schönem Wetter ein paar Tische draußen. Die Gerichte des Tages stehen mit Kreide geschrieben auf einer Tafel, z. B. Artischockensalat, Risotto oder Penne Arrabiata (einer der Renner).

47 [G19] **Gehry's** €€, Neuer Zollhof 3, Tel. 15799373, www.gehrys.de, geöffnet: So.-Do. 10-1 Uhr, Küche bis 23 Uhr, Fr./Sa. 10-3 Uhr, Küche bis 24 Uhr. Restaurant im weißen Gebäude der Gehry-Bauten im Hafen. Gestyltes Ambiente mit Holzfußboden, Holzmöbeln und ledernen Stühlen sowie einer großen Terrasse, von der man einen guten Blick auf den Rhein hat. Die Steaks werden nach einem besonderen Verfahren zubereitet: Das Fleisch wird zunächst schockerhitzt und erst danach gegrillt, so wird es extrem zart.

48 [I20] **Güzel Voyage** €€, Konkordiastraße 18, Tel. 3982855, geöffnet: tägl. 17-1 Uhr, Küche bis 23 Uhr. Dass die türkische Küche mehr zu bieten hat als nur Döner, beweist das Güzel Voyage, eines der beliebten Kneipenrestaurants in Unterbilk. Es gibt leckere Vorspeisen und als Hauptgericht sind die Köfte aus Lamm mit Bratkartoffeln und Salat besonders beliebt. Oder man wählt Yufka: Blätterteig mit Zucchini und/oder Hackfleisch aus Lamm und einer Schicht Sahnequark obenauf. Vor allem bei schönem Wetter sind die wenigen Tische draußen heiß begehrt.

49 [J17] **Jeronimos** €, Hohe Straße 23, Carlstadt, www.jeronimos.de, Tel. 6003286, geöffnet: Mo.-Fr. 10-20 Uhr, Sa. 11-18 Uhr. Einkehrmöglichkeiten für Touristen gibt es in der Altstadt viele. Vor allem in der Schneider-Wibbel-Gasse reiht sich ein spanisches Lokal an das nächste. Das Jeronimos, eine spanisch-portugiesische Tapas-Bar, befindet sich nur ein paar Schritte entfernt, abseits des Touristentrubels. In der Vitrine sind – wie es in Spanien üblich ist – die Tapas ausgestellt. Mittags gibt es preiswerte und täglich wechselnde Gerichte. Der Besitzer kümmert sich liebevoll um seine Gäste und steckt mit seiner stets guten Laune an.

50 [I17] **Klosterhof – Bistro im Maxhaus** €€, Schulstraße 11, Tel. 9010260, www.klosterhof-duesseldorf.de, geöffnet: Di.-Sa. 11-17.30 Uhr. Selbst in Düsseldorf ist der Klosterhof vielen unbekannt. In einem überdachten Innenhof, der zur Maxkirche gehört, wurde ein Bistro eingerichtet, dessen Glasdach in 12 m Höhe über den Gästen „schwebt". Es gibt Frühstück, Mittagessen und nachmittags selbst gebackenen Kuchen. Bei bestimmten Anlässen ist das Restaurant auch abends geöffnet, so z. B. bei der Tour de Menu, die im Frühjahr (März/April) stattfindet.

51 [M15] **Les Halles** €€, Schirmerstraße 54, Tel. 4402674, www.les-halles.de, geöffnet: Mo.-Do. 17-1 Uhr, Fr. 12-5 Uhr, Sa./So. 10-5 Uhr, Küche bis 23 Uhr. Das Lokal im Bistrostil befindet sich in einem historischen Gebäude auf dem Gelände des alten Güterbahnhofs. Das Les Halles ist nicht nur Gastronomiebetrieb (mediterrane Küche), am Wochenende (Fr./Sa.) gibt es hier auch Tanz. Besonders beliebt ist die große Terrasse.

52 [G19] **Meerbar** €€, Neuer Zollhof 1, Tel. 3398410, www.meerbar.de, geöffnet: Mo.–Do. und So. 10–1 Uhr, Küche bis 23 Uhr, Fr./Sa. 10–3 Uhr, Küche bis 24 Uhr. Die Meerbar ist nicht nur ein gutes Restaurant für Meeresfrüchte und Fisch aller Art, sondern auch – wie es der Name schon sagt – eine Bar. Große Fenster eröffnen dem Gast den Blick nach draußen und bei schönem Wetter stehen auf der Terrasse bequeme Sofas und Stühle, von wo aus man einen guten Blick auf den Hafen hat. Es gibt einen eigenen Raucherbereich.

53 [J18] **Monkey's West** €€€, Graf-Adolf-Platz 15, www.monkeysplaza.com, Tel. 64963726, geöffnet: Di.–Sa. 12–15 Uhr und 19–23 Uhr, Küche bis 22 Uhr, Bar 11.30–1 Uhr. Am südlichen Ende der Königsallee befindet sich dieses Spitzenrestaurant. Französische trifft auf deutsche Küche und hier kocht ein wahrer Meister: Christian Penzhorn wurde für seine Küche bereits mehrfach ausgezeichnet und 2009 vom Gault Millau zum „Aufsteiger des Jahres" für das Bundesland NRW gekürt.

54 [J15] **Op de Eck** €€, Grabbeplatz 5, Tel. 328838, www.op-de-eck.de, geöffnet: Mo. 17–1 Uhr, Di.–So. 10–1 Uhr, Küche bis 23 Uhr. Dieses Restaurant ist direkt im Eckhaus beim K20 untergebracht und präsentiert sich frisch renoviert in neuem Chic. Der Reiz des Lokals mit guter internationaler Küche besteht nicht nur in den leckeren Gerichten, sondern auch in seiner Ausstattung. Große Fensterfronten machen es freundlich und hell. Vom Lokal oder der Terrasse aus geht der Blick Richtung Hofgarten oder auf den Grabbeplatz. Alle etwa 80 angebotenen Weine werden offen serviert. Der Gast kann ein Glas mit 0,1 l ordern und den Wein erst einmal probieren, um sich dann nach Belieben nachschenken zu lassen. Die Flasche bleibt auf dem Tisch.

55 [J15] **Parlin** €€, Alte Stadt 12–14, Tel. 87744595, www.parlin-weinbar.de, geöffnet: Di.–Sa. 17–1 Uhr, Küche bis 23 Uhr, So. 17–24 Uhr, Küche bis 22 Uhr. Direkt in der Altstadt befindet sich dieses Restaurant mit Weinbar. Der Gast speist in schönem Ambiente mit Stuckdecken, dunklen Bistrotischen und großen Spiegeln an der Wand und fühlt sich in ein Bistro in Paris versetzt. Auch die Karte ist vor allem französisch inspiriert – Austern, Crevetten, Gänsestopfleber sowie *Tarte tatin* und *Crème brulée* zum Nachtisch. Dazu kommt eine gute Auswahl an Weinen.

56 [G19] **Roberts Bistro** €€, Wupperstraße 2, Hafen, www.robertsbistro.de, Tel. 304821, geöffnet: Di.–Fr. 11.30–24 Uhr, Sa. 10–24 Uhr, Küche 11.30–22.30 Uhr, Sa. 10–12 Uhr Frühstück. Vor dem Lokal stehen die Leute und warten auf einen Tisch. Reservierungen werden nicht angenommen. Wen das nicht stört, der kann hier leckere französische Kost genießen. Es gibt dunkle Holztische und -stühle, die Tische sind wie in einer Brasserie mit Papier eingedeckt. Die Speisekarte ist so lang und eng beschrieben, dass es eine Weile dauert, bis der Gast seine Wahl getroffen hat. Von Entenstopfleber über Deftiges mit Innereien bis hin zu Fischgerichten reicht das Angebot. Die *Crème brulée* für den Nachtisch sollte man am besten gleich am Anfang bestellen, denn allzu schnell sind die Portionen aus.

57 [J16] **San Leo** €€, Wallstraße 31, Tel. 324254, geöffnet: Mo.–Fr. 12–15 Uhr und 18–22.30 Uhr, Sa. durchgehend 12–22.30 Uhr. Eine italienische Trattoria, die seit Jahren unter den Top 10 der Stadt ist. Hier gibt es Kreationen, die auf anderen Speisekarten kaum zu finden sind wie z. B. Pasta mit Maronen und Gänsefleisch. Das Essen ist so gut, dass der Gast so manche Unannehmlichkeit verzeiht: Reservieren kann man nicht und die Tische und Stühle stehen eng beieinander. Die Kellner lavieren sich jedoch immer geschickt hindurch und überhaupt ist der Service hier äußerst professionell. Bei schönem Wetter stehen auch draußen Tische.

58 [M16] **Sascha** €€, Gerresheimer Straße 12, http://gerresheimer12.de, Tel. 17520949, geöffnet: Di.–Sa. 11–24 Uhr, So. 11–22 Uhr. Ein französisches Lokal – Rotisserie und Bar – auf kleinstem Raum. Das Mobiliar wirkt etwas zusammengesucht – rote Lederbänke, Bistrotische und dann wieder Möbel wie vom Flohmarkt –, doch innerhalb kürzester Zeit hat sich dieses Lokal zum Insidertreff entwickelt. Präsentiert wird vor allem französisches Essen, z. B. Muscheln, Austern, Fisch, Ragout, Flammkuchen und Schnecken, aber auch Pommes mit Currywurst (vom Schwein oder Rind) sind zu haben, und das alles zu einem günstigen Preis.

59 [K17] **Victorian Restaurant** €€€, Königstraße 3a, Tel. 865500, www.restaurant-victorian.de, geöffnet: Mo.–Sa. 12–15 Uhr und 19–22 Uhr. Dieses Gourmetrestaurant liegt in direkter Nähe zur Königsallee. Hier wird tolle internationale Küche geboten. Einen Stern und 17 Gault-Millau-Punkte hat sich Küchenchef Volker Drkosch erkocht. Im angeschlossenen Victorian Bistro kann man preisgünstiger essen (Mo.–Sa. 11.30–24 Uhr, So. 12–23.30 Uhr, Küche bis 22 Uhr). Hier gibt es sowohl deutsche Klassiker wie z. B. den Düsseldorfer Senfrostbraten als auch mediterrane Küche.

60 [P15] **Vitale** €€, Ackerstraße 168b, Flingern, www.vitaleonline.de, Tel. 6980412, geöffnet: Mo.–Fr. 12–14.30 Uhr, Do./Fr. auch 19–23 Uhr, Küche bis 22 Uhr. Nur ein kleines Schild weist von außen darauf hin, dass sich hier eines der besten italienischen Lokale Düsseldorfs befindet. Vier Tische im vorderen Bereich des Lokals, hinten die offene Küche. Hier kochen Gianni Vitale und seine Frau Birgit. Die Gäste sitzen gemeinsam an den (großen) Tischen. Die Anzahl der Gerichte ist übersichtlich, doch das Essen ausgesprochen gut. Beliebt sind die Jakobsmuscheln und das Ossobuco. Die Rindsrouladen, wenn es sie denn gibt, sind ebenfalls ein Gedicht. Das Angebot wechselt regelmäßig, alles ist saisonal und frisch zubereitet. Für den Abend sollte man unbedingt reservieren. Es gibt einen preiswerten Mittagstisch (ein Gericht ist vegetarisch, das andere mit Fisch oder Fleisch).

Exotische Lokale

61 [K13] **Die Kurve** €€, Goebenstraße 18, Pempelfort, Tel. 56942080, www.die-kurve.com, geöffnet: Mo.–Do. 11–24 Uhr, Fr. 10–17 Uhr, Sa. ab 20 Uhr, So. 10–20 Uhr, geschl.: in den Sommermonaten Sa. Das einzige Düsseldorfer Lokal mit jüdischer Küche. Vor allem die *Mezze* (Vorspeisen) sind ein Gedicht: Falafel, Rote Bete, Auberginenmus oder auch Russischer Salat. Dazu sollte man das frisch gebackene, noch warme Fladenbrot bestellen. Auch vegetarische Gerichte sind auf der Karte zu finden. Alle Gerichte werden ohne Milchprodukte gemacht (milchige und fleischige Gerichte werden in der jüdischen Küche strikt getrennt) und viele (jüdische) Familien essen hier. Am Wochenende gibt es manchmal Livemusik. Links vom Eingang gibt es einen kleinen Raucherbereich, der allerdings nicht abgetrennt ist.

62 [P15] **Hashi** €€, Ackerstraße 182, Tel. Tel. 68789908, geöffnet: Di.–Fr. 12–15 und 17.30–22 Uhr, Sa. 17.30–22 Uhr, So. 12–22 Uhr (ändert sich zuweilen). Der Name Hashi bedeutet „Essstäbchen“ und weist bereits darauf hin, dass es sich um ein asiatisches Restaurant handelt, genauer um ein chinesisches Lokal, das allerdings nichts mit dem gemein hat, was man sonst kennt. Sehr lecker sind die gefüllten Teigtaschen (je nach Wahl vegetarisch oder mit Fleisch), die Thunfischgerichte, die Suppen oder auch das Lammtöpfchen. Alles wird frisch zubereitet, und zwar garantiert ohne Glutamat. Die Gerichte sind bereits optisch eine Augenweide und auch die Einrichtung im Restaurant ist ausgesprochen schön: kleine Holztische, Lederstühle, die anderen Möbel sind ein Mix aus europäisch modern und asiatisch antik. Am Wochenende sollte man unbedingt reservieren.

63 [J20] **Khanh's Lilly** €, Friedrichstraße 132, Tel. 17832715, www.khanhslilly.de, geöffnet: Di.–Fr. 12–24 Uhr, Sa./So. 17–24 Uhr, Küche bis 23 Uhr. Das Lokal liegt etwas versteckt in der Nähe des S-Bahnhofs Bilk und wirkt von außen eher unscheinbar. Drinnen ist es jedoch überraschend groß, hell und freundlich, wenn auch eher puristisch eingerichtet. Ein schön gestalteter Hinterhof gehörte zum Restaurant und es lässt sich hier für kleines Geld gut essen. Die Mittagsmenüs sind noch günstiger. Ein Renner sind die Frühlingsrollen zum Selbermachen: Reispapier, Gemüse, Kräuter und Fleisch werden vom Gast selbst gerollt und danach in einen würzigen Dipp getaucht. Es gibt auch eine Auswahl an vegetarischen Gerichten. Wer kein Glutamat mag, sollte vorher Bescheid geben.

64 [M14] **Kirti's Dhaba** €, Düsselthaler Straße 1a, www.kirtisdhaba.de, Tel. 8604202, geöffnet: tägl. 12–15 und 18–23 Uhr. Ein einfach eingerichtetes indisches Lokal mit guter Küche. Egal ob vegetarisch, mit Fleisch oder Fisch – für jeden Liebhaber von indischem Essen ist etwas dabei, und das bei ausgesprochen günstigen Preisen. Es gibt Currys, Gerichte aus dem Tandoori-Ofen, vegetarische und vegane Speisen. Dazu Lassi (Joghurtgetränk), Chai oder auch alkoholische Getränke. Es gibt auch einen preiswerten Mittagstisch.

65 [P16] **Luang Prabang** €, Platanenstraße 26, Flingern, Tel. 2304275, www.luang-prabang.net, geöffnet: Di.–Do. 11.30–15 Uhr und 17.30–24 Uhr, Fr./Sa. bis 1 Uhr, So. 17.30–24 Uhr, Küche bis 22.45 Uhr. Dieses kleine Lokal mit laotischer Küche, die der thailändischen ähnlich ist, ist eines der beliebtesten Restaurants im Viertel. Das liegt nicht nur an den leckeren Speisen, sondern auch an den guten Cocktails und der angenehmen Atmosphäre – und natürlich an den günstigen Preisen. Basis der ca. zehn Essen ist immer ein vegetarisches Gericht, das – nach Wunsch – mit Fleisch, Huhn, Ente, Schwein, Rind oder Fisch bzw. Meeresfrüchten gewählt werden kann. Deshalb ist es auch bei Vegetariern sehr beliebt. Auch die Schärfe der Speisen ist wählbar (Stufe 1–3). Am besten reservieren.

66 [O16] **Zazie** €€, Lindenstraße 69, Tel. 52850028 oder 0151 8884913, www.restaurant-zazie.de, geöffnet: Di.– Sa. 18–22.30 Uhr, So. 17.30–22 Uhr, im Winter reduzierte Öffnungszeiten: Do.–So. Bitte vorher nachfragen und vorbestellen! Hier gibt es kreolische Küche: Speisen, in denen die Chillischote eine große Rolle spielt. Es gibt *Griot* (mariniertes Schweinefleisch), Huhn oder Fisch und dazu Reis, Kartoffeln und scharfe Soßen. Auch die Süßkartoffel ist sehr beliebt. Zum Nachtisch gibt es z. B. Süßkartoffelkuchen, Kokosbällchen oder Maiskuchen.

Japanische Lokale

67 [L17] **Bakery My Heart** €, Marienstraße 26, Tel. 5504760, geöffnet: Mo.–Fr. 8–19 Uhr, Sa. 9–18 Uhr. In dem kleinen Bäckerei-Café gibt es typische japanische Snacks – sowohl süß als auch salzig. Das Café ist klein, hell und sehr ruhig und wird sowohl von Deutschen als auch von Japanern besucht. Sitzplätze gibt es nur wenige, dafür ist die Auswahl an japanischen Gebäckteilen groß: Einen Versuch wert sind die japanischen Sandwiches gefüllt mit Eieraufstrich, Thunfischpaste oder Kartoffelsalat, frittierte Gebäckstücke mit Curry-Gemüse-Füllung (warm) oder Brötchen mit gebratenen Nudeln (kalt). Alles wird jeden Tag frisch zubereitet und ist, wie es in Japan üblich ist, aus Hygienegründen einzeln in Plastikfolie eingeschweißt.

68 [L16] **Kikaku** €€, Klosterstraße 38, Tel. 357853, www.kikaku.de, geöffnet: Mo.–Fr. 11.30–14.30 Uhr und 18–22.30 Uhr, So. 18–22.30 Uhr. Typisch japanisches Essen wie Sushi, Sashimi, Tempura (frittiertes Gemüse, Fisch), Nudelsuppen und Reisgerichte sowie eine Reihe von Vorspeisen. Auf der umfangreichen Speisekarte finden sich auch für den europäischen Gaumen ungewöhnliche Gerichte.

69 [P15] **Misaki** €, Dorotheenstraße 5, Tel. 1678503, geöffnet: Di.–Sa. 12–14.30 Uhr und 18–22 Uhr, So. 18–22 Uhr. Das Lokal bietet gutes japanisches Essen. Die Sushi sind ausgesprochen lecker und günstig, die Portionen üppig und in drei Größen bestellbar. Es gibt auch eine breite Auswahl an Vorspeisen: japanische Hähnchenkeulen, Spinat mit Sesamsoße oder Berggemüse. Zum Hauptgericht gibt es viele Fisch- und Fleischgerichte oder Tempura: Gemüse, Meeresfrüchte oder Fisch frittiert. Preiswertes Mittagsmenü.

70 [L16] **Naniwa Noodles & Soups** €, Oststraße 55, Straßenbahn 707, Haltestelle Klosterstraße, Tel. 8302222, www.naniwa.de, geöffnet: Mo.–Fr. 12–22.30 Uhr, Sa./So./Feiertage 12–23.30 Uhr. Mitten in „Klein-Tokio“ befindet sich diese Nudelsuppenküche. Schon von Weitem ist die lange Schlange der Wartenden zu sehen. Einzelpersonen finden schnell Platz an der Theke, Gruppen müssen sich etwas gedulden, aber das Warten lohnt sich. Die Nudelsuppen sind ausgesprochen lecker und üppig. Wer dennoch nicht auf eine Vorspeise verzichten will, sollte die gebratenen Teigtaschen oder die frittierten Hühnerteile probieren. Das Lokal wird von Japanern und Deutschen gleichermaßen gern besucht.

71 [L16] **Naniwa Sushi & more** €€, Klosterstraße 68a, Tel. 8302222, www.naniwa.de, geöffnet: Mo.–Sa. 12–22 Uhr. Die zweite „Filiale“ des Naniwa befindet sich schräg gegenüber der Nudelsuppenküche. Das Angebot ergänzt, was bei Naniwa Noodles & Soups zu kurz kommt: Sushi, Sashimi und sonstige Fischgerichte.

72 [M17] **Relax Bar und Café** €, Immermannstraße 28, Tel. 795653, www.brickny.com/relax, geöffnet: Mo.–Sa. 11.30–1 Uhr, So. und feiertags 12–24 Uhr. Das Relax ist Bar, Café und Lunchlokal in einem und hier trifft sich vor allem die junge deutsch-japanische Szene. Es gibt kleine Gerichte wie Omelett auf Reis, japanisches Curry mit Hackfleisch und Gemüse oder auch Miso-Suppen. Bekannt ist das Lokal vor allem auch für seine Kuchen, eine Synthese aus japanischen und europäischen Zutaten: Es gibt die kleinen Biskuittörtchen z. B. mit Grüntee, Maronen, roter Bohnenpaste und Sahne. Und nur hier gibt es Grüntee-Tiramisu.

Cafés und Imbisse

73 [I16] **Alte Bastion** €, Rathausufer 12, Tel. 133060, geöffnet: tägl. 11–18.30 Uhr. Das Café mit schöner Terrasse befindet sich direkt an der Rheinuferpromenade und bietet damit einen der schönsten Ausblicke auf den Rhein. Die Gäste kommen aber nicht nur wegen der Aussicht, auch der Kuchen ist ausgezeichnet. Apfelstrudel, selbst gebackene Waffeln und viele Torten sind genauso im Angebot wie belegte Brote für den kleinen Hunger.

74 [J16] **Bazzar** €€, Heinrich-Heine-Allee 53, Tel. 322445, www.bazzar.de, geöffnet: Mo.–Sa. 8–23 Uhr, So. 10–23 Uhr. Hier trifft sich die Schickeria von Düsseldorf – an schönen Tagen vor allem draußen im Innenhof. Der Espresso ist schwarz und kräftig, die Bowle im Sommer lecker und wer am Nachmittag herkommt, kann sich zu seinem Getränk etwas von den appetitlichen kleinen Häppchen nehmen, die es kostenlos zum Drink gibt. Wer Lust hat, sich seinen Kaffee auch daheim professionell zuzubereiten, kann hier auch eine der vielen Kaffeemaschinen erwerben, die im Laden präsentiert werden.

75 [I19] **Bernstein & Inbar** €€, Lorettostraße 16, Unterbilk, Tel. 59828317, www.bernsteinundinbar.de, geöffnet: Mo.–So. 10–19 Uhr. Nur einen Katzensprung vom Medienhafen entfernt befindet sich einer der schönsten Feinkostläden in Düsseldorf. Hier können Feinschmecker nicht nur besonders leckere Quiches, Pasta von Inpetto oder Weine bekommen, sondern sie auch gleich vor Ort testen, denn der Laden ist zugleich ein Café und bietet feinste belgische Patisserie. In den mit viel Liebe zum Detail eingerichteten Räumlichkeiten findet der Gast an einem langen Tisch in der Mitte oder an einem der drei kleineren Tische Platz oder bei schönem Wetter auch draußen. Die leckeren Törtchen kann man auch tiefgefroren mit nach Hause nehmen und bei Bedarf genießen.

76 [O15] **Café Hüftgold** €, Ackerstraße 113, Flingern, www.cafehueftgold.de, geöffnet: Mo.–Do. 8–20 Uhr, Fr. 8–22 Uhr, Sa. 9–22 Uhr, So. 10–18 Uhr. „Supa-Schoko", Rhabarber-Baiser- oder Mohnkuchen mit Himbeerschicht – schon beim Anblick der vielen köstlichen Kuchen läuft einem das Wasser im Mund

▲ *Im schönen Innenhof des Bazzar kann man es sich gut gehen lassen*

zusammen und alles ist selbst gebacken. Das Motto des Cafés ist „Genuss ohne Reue" und seit es 2008 in Flingern eröffnet hat, reißt der Strom an Kuchenliebhabern nicht ab. Ursprünglich das kleinste Café im Viertel, ist es inzwischen erweitert und zu einem der beliebtesten Treffpunkte in Flingern geworden. Und wer keinen Kuchen mag: Es gibt auch Schnittchen, Quiches und Suppen.

77 [Q15] **Café Rekord,** Ackerstraße 204, Tel. 54473090, www.cafe-rekord.de, geöffnet: Mo.-Do. 9-24 Uhr, Fr. 9-1 Uhr, Sa. 9-20 Uhr, So. 10-22 Uhr. Jedes Detail in diesem hellen, freundlichen Café ist durchgestylt – von der Lampe bis zu den Sitzbänken. Es gibt selbst gebackenen Kuchen, belegte Ciabattas und jeden Mittag ein warmes Gericht. Eine große Auswahl an Zeitschriften lädt zum Schmökern ein. Ebenso die begrünte Außenterrasse. WLAN-Hotspot.

78 [G19] **Curry** €, Hammer Straße 2, Medienhafen, Tel. 3032857, www.curry-deutschland.de, geöffnet: tägl. 11.30-23 Uhr. Der Medienhafen hat eine rege Gastronomieszene, die allerdings nicht billig ist. Eine der wenigen Ausnahmen ist das Curry. Hier gibt es Currywurst in allen Varianten und mit unterschiedlichen Beilagen. Die Soßen wurden von Robert Hülsmann, dem ehemaligen Besitzer von Roberts Bistro (s. S. 32), entwickelt und der Gast speist gemütlich wie in einem Restaurant.

79 [J16] **Gut & Gerne Schokoladencafé** €€, Burgplatz 3-5, Tel. 86399696, www.schokoladenfachgeschaeft.de, geöffnet: Mo.-Fr. 11-19 Uhr, Sa. 11-18 Uhr. Mit dem Schokoladenbrunnen im Schaufenster und den kunstvoll präsentierten Schalen mit Pralinen glaubt man sich fast in den Film „Chocolat" versetzt. Direkt nebeneinander befinden sich die Chocolaterie und das Schokoladencafé. Letzteres ist klein und gemütlich und es gibt heiße Schokolade zum Trinken. Im Laden daneben kann man sich durch etwa 200 Süßigkeiten aus Edelkakaobohnen schlemmen: Pralinen, Trüffel, Schokoladentafeln, alles meist in zartbitterer Variante.

80 [K16] **Konditorei Heinemann** €€, Martin-Luther-Platz 32, www.konditorei-heinemann.de, Tel. 132535, geöffnet:

EXTRATIPP

Dinner for one

- **Naniwa Noodles & Soups** (s. S. 35): Wer hierher alleine zum Essen kommt, ist im Vorteil, denn er muss nicht warten, sondern findet sofort einen Platz am Tresen.
- **San Leo** (s. S. 32): „Katzentische" gibt es hier nicht, und das wissen die vielen Stammgäste, die hier allein speisen, zu schätzen.

Für den späten Hunger

- **En de Canon** (s. S. 28): rheinische Küche, bis 24 Uhr geöffnet, Küche bis 23 Uhr
- **Fischhaus** (s. S. 28): Fisch in allen Variationen, bis 24 Uhr geöffnet, Küche bis 23 Uhr
- **Gehry's** (s. S. 31): großartige Steaks, So.-Do. bis 1 Uhr, Küche bis 23 Uhr; Fr./Sa. bis 3 Uhr, Küche bis 24 Uhr
- **Im Füchschen** (s. S. 28): deftige Speisen, Mo.-Do. bis 1 Uhr, Küche bis 22.30 Uhr, Fr./Sa. und vor Feiertagen bis 2 Uhr, Küche bis 24 Uhr, So. bis 24 Uhr, Küche bis 23 Uhr
- **Les Halles** (s. S. 31): Mediterrane Gerichte, tägl. Küche bis 23 Uhr
- **Meerbar** (s. S. 32): Fischrestaurant, Mo.-Do. bis 1 Uhr, Küche bis 23 Uhr, Fr./Sa. bis 3 Uhr, Küche bis 24 Uhr
- **Sascha** (s. S. 33): Französische Rotisserie und Bar, Di.-Sa. bis 24 Uhr

EXTRATIPP

Lecker vegetarisch

85 [J18] **sattgrün** €, Graf-Adolf-Platz 6, geöffnet: Mo.-Sa. 12-16 Uhr und

86 [Q15] **sattgrün** €, Hoffeldstraße 18, geöffnet: Mo.-Sa. 12-24 Uhr, Küche bis 22 Uhr, Tel. 68874080, www.sattgruen.de. Das einzige vegetarische (vegane) Lokal in Düsseldorf hat dafür gleich zwei Niederlassungen. Die Gerichte sind als Buffet angerichtet und zur Auswahl stehen neben Suppen auch Pasta, Currys und verschiedene Beilagen wie Reis, Kartoffeln oder Nudeln. Dazu gibt es Salate und selbst gebackene Kuchen. Der Gast nimmt von den Speisen, was er mag. Aber Achtung: Ab und zu ändern sich die Öffnungszeiten! Der aktuelle Stand findet sich aber immer auf der Website.

Lokale mit guter Aussicht

› **Café Alte Bastion** (s. S. 35): Das Café befindet sich am Rathausufer und bietet einen schönen Blick auf den Rhein. Hier gibt es auch kleine Gerichte.

› **Top 180,** www.guennewig.de/drheintu/kulinarisches.php, Tel. 8632000, geöffnet: Mo.-So. 10-23 Uhr, Mittagstisch 12-14.30 Uhr, Kaffeetafel 14.30-17 Uhr, Abendessen 18.30-23.30 Uhr, Küche bis 22 Uhr. Das Drehrestaurant befindet sich im Rheinturm 35 im Medienhafen auf 172,5 m Höhe – also nichts für Leute mit Höhenangst. Um zu dem Restaurant zu gelangen, muss man mit dem Aufzug hinauffahren. Aufzug: Erwachsene 3,60 €, Jugendliche (12 bis 18 Jahre) 2,90 €, Kinder (bis 12 Jahre) 2 €.

► *In Hausbrauereien wie dem Uerige (s. S. 29) gibt es spezielle Raucherbereiche*

Mo.-Fr. 8.30-18.30 Uhr, Sa. 8-18 Uhr, So. 9.30-18 Uhr. Eines der beliebtesten Cafés in Düsseldorf mit gemischtem Publikum, das aber eher etwas älter ist. An das Café angeschlossen ist der hauseigene Laden. Hier gibt es die wohl beste Praline der Welt, den Champagnertrüffel, der unter 57.000 Pralinen zur Nr. 1 gewählt wurde. Aber auch das Gebäck ist hervorragend und es lohnt sich, bei einer Tasse Kaffee und einem Stück Kuchen eine kurze Pause einzulegen.

81 [P15] **Nordmanns Eisfabrik,** Hermannstraße 22a, Tel. 1793150, www.nordmanns-eisfabrik.de, geöffnet: tägl. 10-22 Uhr. Eisdiele mit schöner Terrasse mitten im Szeneviertel Flingern.

82 [J16] **Pia** €, Kasernenstraße 1, Tel. 326233, geöffnet: tägl. ab 10 Uhr, geschlossen: in den Wintermonaten. Das Pia ist nicht nur eine Eisdiele, sondern eine Institution, denn hier gibt es leckeres Eis zu einem günstigen Preis: Die Riesenkugel kostet 80 Cent und so wundert es auch nicht, dass die Schleckermäuler hier Schlange stehen, um sich ein Eis mitzunehmen. Leckere Eisbecher gibt es ebenfalls.

83 [J16] **Qüche** €, Kurze Straße 3, Tel. 8369058, geöffnet: Mo.-Fr. 12-16 Uhr, Mi./Fr./Sa. 20-1 Uhr. Winziges Lokal in der Altstadt mit leckeren Suppen, belegten Broten, Salaten und kleinen Gerichten.

84 [J15] **Zum goldenen Einhorn** €, Ratinger Str. 18, Tel. 8368277, www.einhorn-duesseldorf.de, geöffnet: tägl. 10-3 Uhr, Küche bis 23 Uhr. Dieses Kneipen-Café ist Kult. Mitten an der Ratinger Straße gelegen ist es ein beliebter Treff in der Düsseldorfer Altstadt und bekannt für seine leckeren Kuchen – angeblich gibt es hier die größten Stücke in der Stadt. Auch die bodenständigen Gerichte (z. B. Schnitzel) lassen sich sehen und für Nachtschwärmer stellt das Lokal ein beliebtes Ziel dar.

EXTRATIPP

Smoker's Guide

In der Regel herrscht in den Düsseldorfer Restaurants **Rauchverbot.** In abgetrennten Nebenräumen ist Rauchen jedoch möglich und einige Gastronomiebetriebe haben einen **Raucherbereich.** Lokale, in denen das Rauchen grundsätzlich erlaubt ist, sind mit dem Zeichen **„Raucherclub"** gekennzeichnet. Meist sind sie eher klein (nicht mehr als 75 m²) und bereiten keine Speisen zu. Das Mindestalter für den Eintritt ist 18 Jahre. Es gibt aber auch „normale" Lokale, in denen ab 18 Uhr geraucht werden darf.

- **Relax Bar und Café** (s. S. 35): Japanisches Café mit gutem Kuchen, Kaffee/Tee und kleinen Speisen. Ab 18 Uhr darf geraucht werden.
- **Canoo** (s. S. 28): Auf dem Restaurantschiff kann in der Raucherlounge geraucht werden.
- **Die Kurve** (s. S. 33): Links vom Eingang des Restaurants sind Tische für Raucher reserviert. Es gibt allerdings keinen abgetrennten Bereich.
- **Gehry's** (s. S. 31): Steaks im weißen Gebäude der Gehry-Bauten im Hafen. Für Raucher gibt es einen Extrabereich.
- **Im Füchschen** (s. S. 28): Traditionelle Hausbrauerei mit Raucherbereich.
- **Les Halles** (s. S. 31): Rauchen ist im Tanzsaal an der Bar und an den Tischen erlaubt.

87 [L11] **Mangold,** Glockenstr. 20, Tel. 6006633, www.mangold.tv, tägl. 9–1 Uhr. Kneipen-Restaurant mit gutem internationalem Essen. Ab 18 Uhr darf geraucht werden.

- **Meerbar** (s. S. 32): Restaurant im Hafen mit eigenem Raucherbereich.
- **Monkey's West** (s. S. 32): Das Spitzenlokal bietet Rauchern ab 22 Uhr die Möglichkeit, an der Bar zu rauchen.

88 [M13] **Steakhouse Düsseldorf,** Tußmannstraße 12, Tel. 20031507, www.steakhouse-duesseldorf.de, Mo.–Fr. 12–15 und 18–1 Uhr, Sa. 18–1 Uhr. Stilvoll eingerichtetes Steakhaus mit weiß eingedeckten Tischen. Das Fleisch kommt von Rindern aus Amerika (Nebraska). Für Raucher gibt es eine Raucherlounge.

- **Uerige** (s. S. 29): In der Hausbrauerei kann man im Brauhof rauchen.

019df Abb.: hg

DÜSSELDORF AM ABEND

Düsseldorf hat ein reges Nachtleben und nicht umsonst gilt die Altstadt als „längste Theke der Welt". Bis spät in die Nacht sind hier die Kneipen geöffnet und Menschen ziehen durch die Straßen. Im Hafen trifft sich, wer in einem der schicken Restaurants essen und danach in einer der Bars einen Cocktail nehmen oder in der Disco, dem 3001, bis in die frühen Morgenstunden tanzen möchte. Hier ist kein Wohngebiet, deshalb stört es auch niemanden, wenn die Bars und Restaurants lange geöffnet haben. Nachts werden die Gebäude mit verschiedenen Farben angestrahlt und der Hafen so in ein Lichtermeer getaucht.

NACHTLEBEN

Bars, Szenetreffs, Klubs

89 [F19] **3001,** Franziusstraße 7, Tel. 66969990, www.d-3001.de, geöffnet: normalerweise ab 23 Uhr. *Die* „dance location" in Düsseldorf ist Klub, Diskothek, Veranstaltungshalle und Lounge zugleich. Der Eingang befindet sich im rückwärtigen Teil des Gebäudes, denn das 3001 ist Teil des Port Event Centers PEC im Medienhafen. Hier trifft sich die Tanz- und Partyszene und renommierte DJs legen auf. Jeden Donnerstag ist „Milchbar" (ab 21.30 Uhr, im Winter ab 20 Uhr). Sie findet im kleinen Klub des 3001 statt, der auch „Milchbar" genannt wird, und startet immer mit Funk und Soul. Freitags gibt es jeweils wechselnde Veranstaltungen und samstags ist Disco. Das aktuelle Programm ist auf der Website einzusehen.

90 [I20] **Bar Alexander** €€, Düsselstraße 1, www.bar-alexander.com, Tel. 8763759, geöffnet: Di./So. 19–1 Uhr, Mi./Do. 12–2 Uhr, Fr./Sa. 19–4 Uhr. Beliebte Bar in Unterbilk mit einem Publikum, das so um die 30 Jahre alt ist. Um verschiedene Cocktails zu testen, gibt es ein besonderes Angebot: „Book your Flight". Der „Cocktail-Flight" (ab 2 Personen) beinhaltet pro Person vier verschiedene Cocktails im Miniformat.

91 [J21] **Bar Alexandra** €€, Merowingerstraße 18, www.bar-alexandra.com, Tel. 313366, geöffnet: Mi./Do. 19–2 Uhr, Fr./Sa. 19–3 Uhr, Di./So. 19–1 Uhr. Die „jüngere Schwester" der Bar Alexander und genauso beliebt, jedoch mit einem etwas jüngeren Publikum. Neben Cocktails gibt es hier auch andere Köstlichkeiten. Der „Köstlichkeiten-Flight" umfasst drei kleine Gerichte, die der Gast miteinander kombinieren kann.

› **Captain Flingern,** wechselnde Locations, http://cfdus.blogspot.com. Eintritt je nach Veranstaltung. Das Ganze hat vor ein paar Jahren mit dem ersten „Waschsalon gegen Langeweile" begonnen. Einmal im Monat wurde an einem Dienstagnachmittag Party gemacht. DJs legten HipHop auf, es gab Vernissagen, Modenschauen und Tanz. Gefeiert wurde im Waschsalon in der Ackerstraße/Ecke Hermannstraße bzw. großenteils auf dem Bürgersteig davor, denn der „Underground"-Treff war sehr beliebt. Wer etwas trinken wollte, holte sich etwas am Kiosk nebenan. Dann wurden die Veranstaltungen aber eingestellt, da sich die Nachbarn beschwert hatten. Inzwischen gibt es den Treff wieder – allerdings an wechselnden Locations.

92 [M9] **Koyote,** Rather Straße 25, im Kulturschlachthof Derendorf, Tel. 5509786, geöffnet: Fr./Sa. ab 22 Uhr, gelegentlich auch Mi./Do. Veranstaltungen, Eintritt: je nach Veranstaltung 3–8 Euro. Klub, Diskothek und Partylocation auf dem ehemaligen Schlachthof (großer Parkplatz). Musik abseits des

020df Abb.: hg

Mainstream, auf dem Programm stehen Soul, Funk, Techno, aber auch Reggae.

› **Les Halles** (s. S. 31). Das Lokal wird am Wochenende umfunktioniert und ist dann ein guter Ort zum Tanzen. DJs legen auf, am Freitag und Samstag ist Party bis in die frühen Morgenstunden.

› **Meerbar** (s. S. 32). Die Meerbar ist nicht nur ein gutes Lokal für Meeresfrüchte und Fisch aller Art, sondern auch – wie es der Name schon sagt – eine Bar. Große Fenster und im Sommer draußen mit bequemen Sofas und Stühlen mit direktem Blick auf den Hafen. Eigener Raucherbereich.

93 [R19] **Stahlwerk,** Ronsdorfer Straße 134, Tel. 730350, www.stahlwerk.de. „Partys, Konzerte, Comedy, Kultur, Familienevents" – so lautet das Motto. Hier finden regelmäßig Konzerte und Partys wie die Halloween-Party, die 80er- und 90er-Jahre-Party oder das „Guildo Horn Adventsingen" statt, und das Ganze in einer Location der besonderen Art, einem ehemaligen Stahlwerk. Dazu kommt im Sommer der „Treibgut"-Strand mit Sand, Palmen, Pool, Cocktailbar und Lounges mitten im alten Industriegebiet. Dafür wurde auf dem 2000 m² großen Gelände extra Sand aufgeschüttet. Geöffnet ist der Strand (wenn es nicht regnet) Mo. bis Fr. ab 17 Uhr, Sa./So./feiertags ab 14 Uhr. Der Eintritt ist kostenlos.

Theater, Kabarett, Varieté

33 [I18] **Apollo Varieté Theater.** Das Apollo Varieté befindet sich direkt unter der Rheinkniebrücke. Es bietet eine Mischung aus Akrobatik, Jonglage, Comedy und Kulinarischem. Künstlerischer Leiter ist Bernhard Paul, der auch Gründer des Circus Roncalli ist. Das Programm wechselt regelmäßig.

▲ *Im Apollo Varieté Theater* **33** *gibt es ein regelmäßig wechselndes Programm*

0022df Abb.: hg

▲ *Begeistert mit seinen hochkarätigen Inszenierungen Groß und Klein: das Marionettentheater*

021df Abb.: hg

▲ *Das Kom(m)ödchen gilt als Inbegriff des politisch-gesellschaftlichen Kabaretts*

94 [K18] **Forum Freies Theater e. V. (FFT),** Jahnstraße 3, Tel. 87678718, www.forum-freies-theater.de. Ein Produktions- und Veranstaltungsort für professionelles freies Theater, das aus zwei Häusern besteht: den Kammerspielen und dem Jungen Theater (Juta, Kasernenstraße 6). Es gibt kein festes Ensemble und geboten wird eine Mischung aus nationalen, internationalen Koproduktionen bzw. Gastspielen. Das Programm ist vielfältig und umfasst Theater, Performance, Tanz, Musik und künstlerische Arbeit mit Kindern.

95 [J16] **Kom(m)ödchen,** Kay- und Lore-Lorentz-Platz, Altstadt, Tel. 329443, www.kommoedchen.de. Das Kom(m)ödchen ist die Nr. 1 unter den politisch-literarischen Kabaretts in Deutschland. Es wurde nach dem Zweiten Weltkrieg von Kay und Lore Lorentz gegründet und hat sich schnell zu einem Publikumsrenner entwickelt. Viele Kabarettisten und Comedians haben sich hier ihre ersten Sporen verdient, so z. B. Harald Schmidt. Es werden jeweils aktuelle Themen der Zeit wie Arbeitslosigkeit oder die Finanzkrise aufgegriffen. Bis heute hat das Kom(m)ödchen nichts von seiner Attraktivität verloren. Karten sollte man frühzeitig besorgen.

96 [L17] **Komödie,** Steinstraße 23, www.komoedie-duesseldorf.de, Tel. 30201030. Boulevardtheater getreu dem Motto „Stars und gute Unterhaltung". Namhafte Schauspieler wie Hardy Krüger jr., Volker Lechtenbrink, Julia Biedermann, Ralf Bauer und Anita Kupsch traten bzw. treten hier regelmäßig auf.

97 [K17] **Kulturforum,** Stadtsparkasse Düsseldorf, Berliner Allee 33, Tel. 8781981, www.s-kulturforum.de. Im dritten Stock des Finanzkaufhauses der Stadtsparkasse finden im Atrium regelmäßig Kulturveranstaltungen statt: Konzerte, Lesungen, Kabarett, Theater und Talk. Schon das Ambiente ist perfekt:

ein lichtdurchfluteter Glasbau, ein Dachgarten und eine Bar.

98 [J17] **Marionettentheater,** Bilker Straße 7–9, im Palais Wittgenstein, Tel. 328432, www.marionettentheater-duesseldorf.de, Vorstellungen: Sa. 15 Uhr, Mi.–Sa. 20 Uhr, So. 14 und 17 Uhr, keine Vorstellungen an Feiertagen. Nicht nur für Kinder, sondern auch für Erwachsene ein Erlebnis. Das im Hinterhof des prachtvollen Palais Wittgenstein untergebrachte Marionettentheater hat inzwischen Weltruf erlangt und seit 1956 laufen hier hochkarätige Inszenierungen. In der theatereigenen Werkstatt werden die Marionetten und Kulissen angefertigt. Ein abwechslungsreicher Spielplan bietet vom einfachen Märchen für Kinder bis hin zu „hoher Literatur" für Zuschauer jeden Alters etwas.

99 [L19] **Puppentheater,** Helmholtzstraße 38, www.puppentheater.de, Tel. 372401, Vorstellungen: in aller Regel tägl. um 16 Uhr, es gibt aber auch Vormittagstermine. Stücke für die ganz Kleinen und die etwas größeren Kinder von 2 ½ bis 11 Jahre. Die Dauer der Stücke beträgt zwischen 35 und 40 Minuten.

100 [L18] **Savoy Theater,** Graf-Adolf-Straße 47, www.savoytheater.de, Tel. 8308900. Veranstaltungsbeginn wochentags 20 Uhr, sonntags 19 Uhr. 600 Sitzplätze in ansteigenden Reihen und ein abwechslungsreiches Programm, das Comedy, Kabarett und Musik umfasst.

101 [L15] **Schauspielhaus,** Gustaf-Gründgens-Platz 1, Tel. 369911, www.duesseldorfer-schauspielhaus.de. Das offizielle Theater der Stadt Düsseldorf wurde in den 1960er-Jahren von Bernhard Pfau erbaut. Der weiße, gewölbte Bau steht in Kontrast zu dem kühl wirkenden eckigen Drei-Scheiben-Haus 28. Das Schauspielhaus bietet ein anspruchsvolles Programm und umfasst zwei Häuser: Das große mit 1050 Plätzen und das kleine mit 300 Plätzen.

102 [H14] **Theater an der Luegallee,** Luegallee 4, www.theaterluegallee.de, Tel. 572222. Veranstaltungsbeginn wochentags (außer Montag) 20 Uhr, sonntags 19 Uhr. Kleines Theater in Oberkassel mit feinem, ausgefeiltem Programm. Von Theaterstücken über Lesungen bis hin zu „zeitgemäßen Betrachtungen" mit Klavierbegleitung. Auch die Einrichtung ist angenehm anders: gemütlich mit roten Samtsesseln.

Kleinkunst

103 [J18] **Destille,** Bilker Straße 46, Tel. 327181, www.destille-duesseldorf.de. Eine Kneipe für Literatur und Musik, Essen und Trinken. Seit nunmehr dreißig Jahren gibt es die Destille in der Carlstadt schon. Wurde früher vor allem über Politik diskutiert, ist hier heute ein Ort für die Literatur- und Musikszene. Sonntags gibt es von 20 bis 22 Uhr Live-Events wie Jazz- und Blueskonzerte – meist kostenlos und auch die Küche ist preiswert. Jeden zweiten und vierten Sonntag im Monat findet von 16.30 bis 18.30 Uhr das Café Philosophie statt.

104 [P15] **Theater Flin,** Ackerstraße 144, Tel. 6798871, www.theaterflin.de, Vorstellungsbeginn: Di./Do.–Sa. 20 Uhr, sonntags 19 Uhr, Mo./Mi. keine Vorstellungen. Seit 1999 gibt es dieses Theater, das seit 2004 unter neuer Leitung steht. Philipp Kohlen-Priebe und Oliver Priebe haben sich ihren Traum erfüllt und das kleine Theater in einem Hinterhof komplett umgebaut: 75 Plätze stehen jetzt zur Verfügung. In den 1920er-Jahren wurden in den Räumlichkeiten DKP-Plakate und Zeitungen gedruckt. Heute wird hier eine bunte Mischung aus Theater, Comedy, Kabarett und Kindertheater geboten. Es gibt keine festen Plätze, man sollte also zeitig kommen.

105 [P19] **Zakk,** Fichtenstraße 40, Tel. 9730010, www.zakk.de, geöffnet: Mo.–Do. ab 19 Uhr, Fr. ab 21 Uhr, Sa. ab 22

Uhr zur Disco. Die angeschlossene Kneipe und im Sommer der Biergarten haben Mo. geschlossen, werden dafür aber im Sommer (Juli, August) Mi./Do. auch schon mal früher geöffnet (ab 18 Uhr). Das „Zentrum für Aktion, Kommunikation und Kultur" ist aus dem kulturellen Leben in Düsseldorf nicht mehr wegzudenken. Es befindet sich in einer umgebauten Fabrik und wurde in den 1970er-Jahren als Gegenpol zum offiziellen Kulturprogramm der Stadt gegründet. Ca. 500 Veranstaltungen finden pro Jahr statt, von Politik über Tango bis zu Poetry Slams. Beliebt sind auch die „Ü30"-Partys für alle Junggebliebenen.

KONZERTE, MUSIK, TANZ

108 [N17] **Capitol,** Erkrather Straße 30, Tel. 7344150, www.capitol-theater.de. Mit 1100 Plätzen in einem alten Straßenbahndepot ist dies der größte Theatersaal in Düsseldorf. Hier werden so bekannte Musicals wie „Saturday Night Fever", aber auch Hausproduktionen oder Gastspiele wie „Abba Mania" zum Besten gegeben. Der Saal wird außerdem für andere Musikaufführungen wie z. B. japanische Taiko-Trommel-Konzerte genutzt.

23 [K16] **Deutsche Oper am Rhein.** Diese Theatergemeinschaft existiert seit 1956. Das Haus wurde zwischen 2006 und 2007 umfangreich saniert. Es besitzt einen lichtdurchfluteten Orchester- und Ballettprobensaal, der mehr als 1300 Besucher fasst. Auf dem Programm stehen Ballett, Opern und Operetten – mit einem speziellen Programm für Kinder. Im Keller gibt es einen ca. 50.000 Stücke umfassenden Fundus an Kostümen, die bei Führungen durchs Opernhaus besichtigt werden können. Führungen finden normalerweise einmal im Monat statt (an unterschiedlichen Tagen) und werden auf der Website angekündigt.

109 [K23] **Jazzschmiede,** Himmelgeister Straße 107g, Bilk, Tel. 3110564, www.jazz-schmiede.de. Seit vielen Jahren finden hier Konzerte mit bekannten Jazzmusikern oder -gruppen statt. Am Dienstagabend präsentieren dann Musiker aus der Region ihre Kunst.

14 [J17] **Palais Wittgenstein,** Tel. 8996109. Mehrmals im Jahr finden im schönen und historischen Ambiente des Kammermusiksaals des Palais Wittgenstein die Konzerte „Sonntags um 11" statt. Seit 1976 ist das Palais ein Kulturzentrum.

110 [J14] **Robert Schumann Saal,** Ehrenhof 4a, www.robert-schumann-saal.de, Tel. 8992450. Hier treten viele hochkarätige Musiker auf. Der Konzertsaal ist der Stiftung museum kunst palast angegliedert und das Programm besteht

EXTRATIPP

Ticketverkauf

- 106 [K16] **Heinersdorff Ticketverkauf,** Heinrich-Heine-Allee 24, Tel. 329191, www.rp-ticket.de, geöffnet: Mo.–Fr. 10–19 Uhr (Mai–Juli 10–18 Uhr), Sa. 10–15 Uhr. Vorverkaufsstelle für Tickets von Veranstaltungen unterschiedlichster Art: Konzerte, Musicals, Ballett, Theater, teilweise auch Ausstellungen.
- 107 [K18] **Ticketshop Kautz,** Adersstraße 48, Tel. 373070, www.regioticket.de, geöffnet: Mo.–Fr. 9.15–18.30 Uhr, Sa. 9.15–13 Uhr. Vorverkaufsstelle für Tickets von Veranstaltungen unterschiedlichster Art, z. B. Konzerte, Musicals, Theater.

► *Skulptur von Johanna Ey (s. S. 46), einer der wichtigen Figuren der Düsseldorfer Kunstszene*

überwiegend aus klassischer Musik, aber auch aus musikalischen Lesungen, Kabarett, Jazz- oder Tangomusik. Der Saal wird auch für Veranstaltungen der Studenten der Robert-Schumann-Hochschule genutzt.

› **Tanzhaus NRW,** im selben Gebäude wie das Capitol (s. S. 44), Tel. 172700, www.tanzhaus-nrw.de. Das Tanzhaus NRW ist in einem stillgelegten Straßenbahndepot untergebracht. Hier dreht sich alles um den Tanz, egal ob Stepptanz, Flamenco, Ballett oder Tango. Geboten werden Kurse, Wochenendworkshops und Tanzfestivals wie das Tapdance-Festival oder die Orientale. Im Bistro im Tanzhaus NRW, das eine Dependance des Restaurants Op de Eck ist, treffen sich die hungrigen und durstigen Tänzer auf einen Plausch, ein Glas Wein oder eines der leckeren Gerichte.

⓳ [J14] **Tonhalle.** Die Konzerthalle Düsseldorfs wurde in den 1920er-Jahren ursprünglich als Planetarium gebaut. Hier ist auch das Zuhause der Düsseldorfer Symphoniker.

DÜSSELDORF FÜR KUNST- UND MUSEUMSFREUNDE

Düsseldorf ist als Kunst- und Kulturstadt bekannt. Den Grundstein hierfür legte im 17. Jh. Kurfürst Jan Wellem mit seiner einzigartigen Kunstsammlung. Im 18. Jh. wurde dann die Kunstakademie gegründet, die zu Weltruhm kam und mit hochkarätigen Namen wie Wilhelm von Schadow, Paul Klee, Joseph Beuys und Jörg Immendorff verbunden ist. Aber auch durch die zahlreichen Museen und Galerien wird Düsseldorf seinem Ruf als Kulturmetropole gerecht.

Im 17. Jh. legte Kurfürst **Jan Wellem** in Düsseldorf eine einzigartige **Kunstsammlung** an, für die er eine Galerie bauen ließ. Die Sammlung umfasste Werke von Rubens, Rembrandt und Raffael und durch sie wurde Düsseldorf als Kunststadt bekannt. Da Jan Wellem keine Kinder hatte und seine Erben im Süden Deutschlands wohnten, befinden sich heute aber fast alle Werke der ursprünglichen Sammlung in München.

1762 wurde in Düsseldorf eine **private Zeichenschule** gegründet, die sich am Marktplatz im (blauen) Haus des Künstlers Gabriel de Grupello befand. Aus dieser ging dann 1773, nachdem Düsseldorf den Zuschlag für den Bau der Akademie der schönen

023df Abb.: hg

MUTTER EY – DIE ERSTE WEIBLICHE GALERISTIN DÜSSELDORFS

Johanna Ey wurde 1864 als ***Tochter eines Bauern*** *geboren. Sie heiratete einen Braumeister und bekam 12 Kinder, von denen aber nur vier überlebten. 1904 zog ihr Mann nach Berlin und sie ließ sich einige Jahre später* ***scheiden,*** *was für eine Frau zur damaligen Zeit eigentlich undenkbar war. Sie aber änderte mit fast 50 Jahren ihr Leben radikal.*

Um sich und ihre vier Kinder durchzubringen, eröffnete sie eine ***Bäckerei*** *in der Ratinger Straße. Die Kunstakademie lag nicht weit entfernt und deshalb kamen viele Studenten in ihr Geschäft. Viele von ihnen hatten allerdings kaum Geld, weshalb Johanna Ey auch* ***Kunstwerke als Bezahlung*** *akzeptierte. Das sprach sich schnell herum und so hatte „Mutter Ey" bald mehr Bilder im Laden als Kuchen in der Theke. Schließlich eröffnete sie einen* ***Kunsthandel*** *mit Bildern von Malern der Düsseldorfer Kunstakademie. Die Galerie entwickelte sich zum Treffpunkt der Künstlergruppe* ***„Das Junge Rheinland",*** *zu der u. a. Max Ernst, Otto Dix, Gert Wollheim und Otto Pankok gehörten.*

Ende der 1930er-Jahre wurde die meiste von Mutter Ey ge- und verkaufte Kunst von den Nazis als ***entartet*** *bezeichnet und sie musste ihr Geschäft schließen. Zwar versuchte sie nach dem Krieg, eine neue Galerie aufzubauen, scheiterte damit jedoch und starb schließlich 1947. Ein Porträt von ihr ist hoch oben an einem Gebäude in der Mutter-Ey-Straße zu sehen, rechts neben dem Kom(m)ödchen (s. S. 42).*

Künste erhalten hatte, die **Kunstakademie** (17) hervor. Kurfürst Carl Theodor richtete die Akademie ein. Sie war zunächst in verschiedenen Gebäuden untergebracht, bevor sie 1879 endgültig das heutige Gebäude an der Eiskellerstraße bezog. In diesem stattlichen Neorenaissancebau von Hermann Riffart erhielten viele bekannte Künstler ihre Ausbildung.

Der erste Direktor der Akademie war **Peter Cornelius.** Unter ihm und seinem Nachfolger **Wilhelm von Schadow** (1788–1862) kam die Kunstakademie zu **Weltruf** und wurde vor allem durch ihre **Genremalerei** bekannt. Auch kamen viele ausländische Künstler nach Düsseldorf, denn die künstlerische Bewegung der Stadt galt als eine der fortschrittlichsten Europas. Der Ruf der Schule reichte sogar bis nach Amerika, wo 1849 in New York eine Galerie mit dem Namen „The Dusseldorf Gallery" eröffnet wurde.

Im Februar 1919 wurde der **Künstlerbund „Das Junge Rheinland"** gegründet, der sich in der Galerie „Junge Kunst – Frau Ey" von Johanna Ey traf. Die Vereinigung diente vor allem als Plattform für die neue rheinländische Kunst. Jeder nach Neuerung

▶ *Im Hetjens-Museum (s. S. 50) kann man Keramik aus aller Welt betrachten*

024df Abb.: hg

strebende Künstler wurde aufgenommen und Mitglieder waren u. a. Herbert Eulenberg, Arthur Kaufmann, Adolf Uzarski, Otto Pankok, Gert Wollheim, Otto Dix und Max Ernst.

Berühmte Künstler wie z. B. Wilhelm Busch, der später mit „Max und Moritz" viele Kinder begeisterte, oder der Schriftsteller Günther Grass, der zwar Bildhauerei studierte, aber später den Nobelpreis für Literatur erhielt, waren an der **Kunstakademie** in Ausbildung. **Paul Klee, Joseph Beuys,** Jörg Immendorff und **Markus Lüppertz** sind nur einige der hochkarätigen Professoren, die hier wirkten. Beuys studierte auch an der Kunstakademie, und zwar bei Ewald Mataré, und entdeckte schließlich die Performancekunst für sich. Seiner Ansicht nach konnte „jeder Mensch ein Künstler" sein.

Jörg Immendorff, der ab 1996 Professor an der Kunstakademie war, studierte ebenfalls hier, zunächst Bühnenbild und ab 1964 dann bei Joseph Beuys Kunst. Schon früh malte er gegenständliche Bilder mit politisch-gesellschaftskritischen und immer auch visionären Inhalten. Er

Museen, die mit einer magentafarbenen Nummer (40) als Hauptsehenswürdigkeit ausgewiesen sind, werden im Kapitel „Düsseldorf entdecken" ausführlich beschrieben. Dort finden sich auch alle praktischen Informationen wie Adresse, Öffnungszeiten usw.

EXTRATIPP

Kunst-Termine

Jedes Jahr im Februar öffnet die **Kunstakademie** 17 im Rahmen des **Akademierundgangs** für ein Wochenende ihre Pforten und Studenten präsentieren in den Ateliers ihre Werke der Öffentlichkeit. Joseph Beuys, Jörg Immendorff und Günter Grass haben hier studiert. Ein Blick auf die angehenden Künstler lohnt sich also.

› www.akademierundgang.de bzw. www.kunstakademie.de

Während der **Nacht der Museen** im April bzw. Mai haben alle 40 Kulturinstitute der Stadt geöffnet. Hier findet man alles von Malerei über Keramik bis hin zu Informationen über Heinrich Heine. Ein Shuttlebus verkehrt zwischen den einzelnen Kunstorten und verbindet sie miteinander. Dazu gibt es ein attraktives Rahmenprogramm mit Musik.

› www.nacht-der-museen.de

Seit 1997 gibt es die **Kunstpunkte.** Einige Hundert Künstler in Düsseldorf öffnen dann an zwei aufeinander folgenden Wochenenden im August ihre Ateliers. Shuttlebusse verbinden die einzelnen Stationen. Es können auch Touren gebucht werden, bei denen Künstler fachkundig die Arbeiten ihrer Künstlerkollegen erklären.

› www.kunstpunkte.de, Ticketverkauf auch bei Heinersdorff (s. S. 44)

gehörte zu den hundert wichtigsten Künstlern der Welt und erhielt 1997 den höchstdotierten Kunstpreis der Welt, den das Museo de Arte Contemporáneo (MARCO, Monterrey/Mexiko) vergibt.

► *Hier befinden sich drei Jahrzehnte Karneval auf drei Etagen*

MUSEEN

111 [J16] **Akademie Galerie,** Burgplatz 1, Tel. 1396223, www.kunstakademie-duesseldorf.de, geöffnet: Mi.–So. 12–18 Uhr, Eintritt: 5 €, ermäßigt 3 €. Bitte vorher Termine anfragen, da die Sammlung immer nur für ein paar Wochen im Jahr öffnet! In dem ehemaligen Gebäude der Kunstgewerbeschule werden Wechselausstellungen präsentiert. Hier haben Künstler, die an der Akademie studiert haben und nach ihrer Ausbildung bekannt wurden, aber auch Professoren seit 2005 die Möglichkeit, ihre Werke der Öffentlichkeit zu präsentieren. Die Sammlung ist als Lehr- und Vorbildsammlung gedacht und umfasst Werke der Malerei, Skulpturen, Fotografie und Objektkunst.

40 [G7] **Aquazoo-Löbbecke Museum.** Das Museum ist mit seiner Kombination aus Zoo und Aquarium/Terrarium einzigartig in Deutschland. Zu sehen sind lebende Tiere, aber auch Fossilien, Schautafeln und weitere Exponate aus insgesamt 25 Themenbereichen.

112 [I17] **Filmmuseum,** Schulstraße 4, Tel. 8992232, www.duesseldorf.de/kultur/filmmuseum, geöffnet: Di.–So. 11–17 Uhr, Mi. bis 21 Uhr, Eintritt: 3 €, ermäßigt 1,50 €, Sonderausstellungen 4 €, ermäßigt 2 €. 1993 eröffnete das Filmmuseum und heute lassen mehr als 3000 Exponate die Geschichte des Films lebendig werden. Düsseldorf hat einige der ganz großen Namen des Filmgeschäfts hervorgebracht, so z. B. den Schauspieler Gustaf Gründgens und die Regisseure Helmut Käutner und Wim Wenders. Die Dauerausstellung des Museums wird durch Filmreihen ergänzt, die in der sogenannten „Black Box", dem Kino des Filmmuseums laufen. Die Spannbreite reicht von Filmen aus der Stummfilmzeit bis in die Gegenwart. Wert wird dabei vor allem auf kleinere, unkonventionellere Filmprojekte gelegt.

㉖ [L15] **Goethe-Museum.** Die Sammlung des Museums im Schloss Jägerhof umfasst ca. 35.000 Exponate zu Leben und Werk Goethes.

113 [I16] **Haus des Karnevals,** Alte Zollstraße 9, Tel. 330101, www.karneval-in-duesseldorf.de (Menü „Wir sind Karneval"), geöffnet: Fr. 9–12.30 Uhr, Eintritt: 2 €. Wer die Zollstraße vom Marktplatz Richtung Rhein geht, stößt auf das Haus des Karnevals, das an seiner Fassade eine Hoppeditz-Figur (s. S. 81) aufweist und so gut zu erkennen ist. In einem Gebäude aus dem 17. Jh. präsentiert das Museum mit verschiedenen Objekten drei Jahrzehnte Karneval auf drei Etagen. Eine weitere Hoppeditz-Figur, ein Werk des Düsseldorfer Künstlers Bert Gerresheim, befindet sich hinter dem Museum.

114 [J17] **Heinrich-Heine-Institut,** Bilker Straße 12–14, Tel. 8992902, www.duesseldorf.de/heineinstitut, geöffnet:

025df Abb.: hg

ROBERT-SCHUMANN-GEDENKSTÄTTE

*Schräg gegenüber dem Heinrich-Institut befindet sich das Haus, in dem Robert Schumann mit seiner Familie wohnte, als er in Düsseldorf als **Musikdirektor** tätig war. Clara Schumann, die wohl angesehenste Pianistin der damaligen Zeit, empfing ihre Schüler im ersten Stock, Robert komponierte im Stockwerk darüber. Mit fünf Kindern waren sie in Düsseldorf angekommen, zwei weitere wurden dort geboren und sind in dem Haus aufgewachsen.*

*Für Robert Schumann war der Posten in Düsseldorf die erste Festanstellung. Er sollte Abonnementskonzerte für den städtischen Musikverein und Aufführungen in der St.-Maximilian- und der St. Lambertuskirche dirigieren. Leider war seine Tätigkeit als **Dirigent** nicht von Erfolg gekrönt und man legte ihm bald nahe, die Leitung abzugeben. Nun voll auf seine Kompositionen konzentriert, schuf er insgesamt **ein Drittel seines Gesamtwerks** in Düsseldorf, u. a. auch die „Rheinische Symphonie".*

*Auch seine Erfolge als Komponist vermochten aber nicht, seiner Nervenkrankheit Einhalt zu gebieten. Am Rosenmontag 1854 wollte er **Selbstmord** begehen und stürzte sich in den Rhein. Er wurde gerettet und danach auf seinen eigenen Wunsch in eine **Nervenheilanstalt** eingewiesen.*

115 *[J17] **Schumann-Gedenkstätte,** Bilker Straße 15, Tel. 133240, www.schumann-gesellschaft.de, geöffnet: Di.–Fr./So. 11–17 Uhr, Sa. 13–17 Uhr, Eintritt: 2 € (ermäßigt 1 €). Falls geschlossen ist, bitte an das Heinrich-Heine-Institut (s. S. 49) direkt gegenüber wenden.*

026df Abb.: hg

Di.–Fr. und So. 11–17 Uhr, Sa. 13–17 Uhr, Eintritt: 3 €, ermäßigt 1,50 €, bis 18 Jahre frei. In Düsseldorf befindet sich das weltweit einzige Heinrich-Heine-Museum und eine Gedenk- und Forschungsstätte zu seinem Leben und Werk. Basis war die seit 1905 zusammengetragene Heine-Sammlung, 1970 wurde dann das Heinrich-Heine-Institut gegründet, das seit 1974 ein eigenes Domizil hat. Die ständige Ausstellung zeigt Originalhandschriften und weitere authentische Dokumente. Neben der Dauerausstellung gibt es auch regelmäßig Sonderausstellungen zu weiteren literarischen, musikalischen und kulturellen Themen.

116 [I17] **Hetjens-Museum für Keramik,** Schulstraße 4, Tel. 8994210, www.duesseldorf.de/hetjens, geöffnet: Di.–So. 11–17 Uhr, Mi. bis 21 Uhr, Eintritt: 3 €, ermäßigt 1,50 €. Das Hetjens-Museum ist das einzige Museum in der Welt, das die Geschichte der Keramik von ihren Anfängen bis in die Gegenwart präsentiert. Die Sammlung wurde von Laurenz Heinrich Hetjens (1830–1906) über viele Jahre zusammengetragen und umfasst ca. 2000 Exponate, die er der Stadt Düsseldorf vermachte. Seine einzige Bedingung: Die Stadt musste innerhalb eines Jahres beginnen, ein Museum dafür zu bauen. Dafür steuerte er selbst ca. 150.000 Goldmark bei. Bei Nichteinhalten sollte die Sammlung übrigens nach Köln gehen. Inzwischen ist die Zahl der Objekte auf ca. 15.000 angewachsen und reicht von frühzeitlicher Keramik bis zu industriell gefertigtem Porzellan. Zu sehen sind z. B. vorantike Gefäße, etruskische Sarkophage, griechische Vasen, frühe Keramik aus Ostasien oder dem Iran, aber auch rheinisches Steinzeug, französische Fayencen und europäisches Porzellan bedeutender Manufakturen. Eine hochkarätige Sammlung von Keramik des Jugendstils ist durch eine Schenkung des Düsseldorfer Architekten und Mäzens Dr. Helmut Hentrich hinzugekommen.

117 [D14] **Julia Stoschek Collection,** Schanzenstraße 54, Tel. 5858840, www.julia-stoschek-collection.net, geöffnet: Sa. 11–18 Uhr, Eintritt: 4 €, bis 18 Jahre frei. Die internationale Privatsammlung präsentiert zeitgenössische Kunst mit einem Schwerpunkt auf Medienkunst. Gezeigt werden Videos, Fotografien, Installationen, Malerei und Skulpturen in jährlich wechselnden Ausstellungen.

7 [J15] **K20 – Kunstsammlung Nordrhein-Westfalen.** Eines der wichtigsten Museen für Kunst des 20. Jh. Schwerpunkt ist die Malerei der westeuropäischen und amerikanischen Moderne. Die Sammlung umfasst Werke von Paul Klee, Matisse, Pablo Picasso, Piet Mondrian,

▲ *In Düsseldorf befindet sich das weltweit einzige Heine-Museum*

Max Ernst, Kandinsky, Rauschenberg und Pollock sowie Düsseldorfer Künstler wie Beuys und Immendorff. Das Gebäude wurde 2010 renoviert und erweitert.

15 [J19] **K21 – Kunstsammlung Nordrhein-Westfalen.** Das K21 ist eine Dependance des K20 und bietet Kunst ab den 1980er-Jahren. Gezeigt werden vor allem großformatige Bilder, Videoinstallationen, Performances sowie fotografische Werke zeitgenössischer Künstler wie Andreas Gursky, Candida Höfer, Jeff Wall und Eija-Liisa Athila.

118 [I18] **KIT – Kunst im Tunnel,** Mannesmannufer 1b, Tel. 8920769, www.kunst-im-tunnel.de, geöffnet: Di.–So. 11–18 Uhr, Eintritt: 4 €, ermäßigt 3 €, bis 18 Jahre frei. KIT steht für „Kunst im Tunnel" und ist der einzige unterirdische Ausstellungsraum für Kunst und entstand, als der Rheinufertunnel gebaut wurde. Die Räumlichkeiten befinden sich zwischen den Tunnelröhren für den Autoverkehr. Auf 850 m² präsentiert sich hier ein Treff für zeitgenössische Kunst, wo auch aktuelle Arbeiten von Studenten und Absolventen der Kunstakademie vorgestellt werden. Welche Ausstellung gerade präsentiert wird, erfahren Interessenten durch das hauseigene Magazin. Es kann auf der Website unter „Publikationen" gegen Gebühr bestellt werden. Der Eingang zum KIT führt durch das Café Curtiz auf der Rheinuferpromenade.

119 [J16] **Kunsthalle und Kunstverein,** Grabbeplatz 4, Tel. 8996240, www.kunsthalle-duesseldorf.de, geöffnet: Di.–So./feiertags 11–18 Uhr, Eintritt: 5,50 €, ermäßigt 3,50 €, bis 18 Jahre frei. Das kubusartige Gebäude wurde 1967 eröffnet und war früher bekannt für seine provokanten Ausstellungsaktivitäten. Künstler wie z. B. Marcel Broodthaers, Daniel Spoerri, Claes Oldenburg, Francis Bacon, Sigmar Polke, Yves Klein, Gerhard Richter, Julian Schnabel und Donald Judd, die damals noch unbekannt waren und heute zu den Großen der Kunstszene gehören, stellten hier aus. So gehörte die Kunsthalle in den 1960er- und 1970er-Jahren zu den wichtigsten Kunststätten. Heute werden hier internationale Wechselausstellungen gezeigt, die über Tendenzen in der zeitgenössischen Kunst informieren sollen. Die Kunsthalle teilt sich das Gebäude mit dem „Kunstverein für die Rheinlande und Westfalen", dem ältesten und mitgliederstärksten Kunstverein Deutschlands (Tel. 2107420, www.kunstverein-duesseldorf.de, Öffnungszeiten und Eintrittspreise wie Kunsthalle).

120 [J16] **Mahn- und Gedenkstätte,** Mühlenstraße 29, Tel. 8996192, www.ns-gedenkstaetten.de/nrw, geöffnet: Di.–Fr./So. 11–17 Uhr, Sa. 13–17 Uhr, Eintritt: frei. Hier wird den Opfern des Nationalsozialismus bzw. der Verfolgung und Ermordung von Juden, Kommunisten und Zigeunern in Düsseldorf gedacht. Bereits der Ort hat geschichtlichen Wert, denn hier wurden 1933/1934 politische Gefangene inhaftiert und später wurde es ein Gebäude der Wehrmacht. Die

KLEINE PAUSE

Kulinarisches im NRW-Forum

Zwischen den beiden Ausstellungsräumen des NRW-Forums (s. S. 52) befindet sich das **Caffé**, das in Backsteinoptik gehalten und mit einem farbenprächtigen Teppich ausgestattet ist. Es wurde zusammen mit der Künstlergruppe „Inges Idee" gestaltet und bildet einen ruhenden Pol im Museum. Man kann in Kunstbüchern, aktuellen Kunstmagazinen und Zeitungen blättern. Das Caffé, in dem auch kleine Speisen angeboten werden, ist nicht nur für Besucher des NRW-Forums zugänglich. Im Sommer hat man von der Terrasse aus einen guten Blick auf den Hofgarten-Park.

KUNST AN DER KUNSTHALLE

027df Abb.: hg

Neben der Kunsthalle (s. S. 51) stehen vier weibliche Figuren, die früher das Gebälk der alten Kunsthalle getragen haben. Sie wurde 1881 eröffnet, aber während des Zweiten Weltkriegs größtenteils zerstört. An der gleichen Stelle wurde 1967 die neue Kunsthalle errichtet und die Figuren wurden daneben aufgestellt. Die vier ***Karyatiden*** *sind als Musen dargestellt und stammen vom Bildhauer* ***Leo Müsch.*** *Sie stellen Dichtkunst, Musik, Bildhauerei und Architektur dar. Karyatiden sind weibliche Skulpturen, die in der Architektur als Säulen oder Pfeiler eine tragende Funktion einnehmen.*

◀ *Die Karyatiden trugen ursprünglich den Giebel der alten Kunsthalle*

Gedenkstätte wurde 1987 eröffnet. Neben der ständigen Ausstellung mit dem Thema „Verfolgung und Widerstand in Düsseldorf von 1933–45" gibt es auch Sonderveranstaltungen.

› **Museum für Europäische Gartenkunst,** im **Schloss Benrath** 45. Das Museum befindet sich in einem Seitenflügel des Schlosses im Süden von Düsseldorf und wurde 2002 eröffnet. Im Westflügel ist seit 1929 das **Museum für Naturkunde** untergebracht. Der Mittelbau des Schlosses, der sogenannte **Corps de Logis,** zeigt das höfische Leben. Dieser Teil kann nur bei Führungen besichtigt werden.

121 [J14] **museum kunst palast,** Ehrenhof 4–5, www.museum-kunst-palast.de, Tel. 8992460 (Sa./So.), Tel. 8990200 (Mo.–Fr.), geöffnet: Di.–So. 11–18 Uhr, Do. 11–21 Uhr, Eintritt: 6 €, ermäßigt 4,50 €. Die Sammlung umfasst Werke der Düsseldorfer Malerschule, Alte Meister und Werke bis hin zur Klassischen Moderne. Ein Highlight sind auch die Graphische Sammlung und das Glasmuseum Hentrich.

122 [J14] **NRW-Forum Kultur und Wirtschaft,** Ehrenhof 2, Tel. 8926690, www.nrw-forum.de, geöffnet: Di.–So. 11–20 Uhr, Fr. 11–24 Uhr, Eintritt: 5,80 €, ermäßigt 3,80 €, Fr. ab 18 Uhr ebenfalls 3,80 €. Innovative Wechselausstellungen zu Medien, Mode, Werbung, Kunst im Alltagsgebrauch und Lifestyle. Zu sehen sind z. B. Exponate von Peter Lindbergh oder Vivienne Westwood. Bei Ausstellungseröffnungen geben sich hier die Berühmtheiten die Klinke in die Hand. In der Media-Lounge finden sich mehr als 1000 Videos zu Kunst, Musik und Werbung. Jeden Freitag um 20 Uhr gibt es eine kostenlose Führung auf Deutsch, um 21 Uhr auf Englisch.

*Auf der westlichen Seite der Kunsthalle ragt ein **Ofenrohr** aus der Wand. Dabei handelt es sich um die Kopie eines Kamins im Atelier von **Joseph Beuys** am Drakeplatz und sie gilt als wichtigstes Kunstwerk im öffentlichen Raum in der Stadt Düsseldorf. Präsentiert wurde das Werk im Rahmen der Ausstellung „SCHWARZ" im Jahr 1981. Beuys nannte es schlicht das „Loch".*

Durch das Ofenrohr kann kreative Energie in die Außenwelt gelangen und umgekehrt kommt frischer Wind in die Kunst. Der Künstler ist so immer am Puls der Zeit.

028df Abb.: hg

▶ *Beuys' Ofenrohr ragt aus der Wand der Kunsthalle hervor*

123 [I16] **Schifffahrtmuseum,** Burgplatz 30, Haltestelle Heinrich-Heine-Allee, www.freunde-schifffahrtmuseum.de, Tel. 8994195, geöffnet: Di.-So. 11-18 Uhr, Eintritt: 3 €, ermäßigt 1,50 €, bis 18 Jahre frei. Vom ehemaligen Schloss auf dem Burgplatz ist nach einem Brand nur noch der Turm übrig geblieben, in dem sich seit 1984 das Schifffahrtmuseum befindet. Es dokumentiert 2000 Jahre Rheinschifffahrt. In der letzten Etage befindet sich in der „Laterne" des Turms ein Café mit Blick auf den Rhein.

124 [I17] **Stadtmuseum,** Berger Allee 2, Tel. 8996170, www.duesseldorf.de/stadtmuseum, geöffnet: Di.-So. 11-18 Uhr, Eintritt in die Sammlung frei, Sonderausstellungen: 3 €, ermäßigt 1,50 €, bis 18 Jahre frei. Ein Rundgang führt durch die Geschichte Düsseldorfs von der Steinzeit bis heute. Düsseldorfs Zeit als Residenzstadt wird genauso beleuchtet wie die der Industrialisierung. Links geht es zur Dauerausstellung, die kostenlos ist. Rechts kauft man sich ein Ticket und geht dann die Treppe hoch in den ersten Stock, wo wechselnde

EXTRATIPP

Der Rosengarten

Gleich hinter dem Stadtmuseum (s. S. 53) befindet sich der **Rosengarten,** in dem man **Skulpturen** bekannter Persönlichkeiten, die in Düsseldorf gelebt haben, begegnen kann, so z. B. der Ferdinand Lasalles, dem Mitbegründer der deutschen Sozialdemokratie, oder der Johanna Eys (s. S. 46). Der Rosengarten ist eine Oase mitten in der Stadt und immer noch ein guter Tipp für eine **ruhige Pause.** Er ist ganzjährig geöffnet.

Ausstellungen stattfinden, z. B. zu Mutter Ey, der berühmten Galeristin (s. S. 46), oder dem Jülich-Klever-Erbfolgestreit. Jeden Sonntag um 11 Uhr gibt es themenbezogene Führungen und einmal im Monat nachmittags um 15.30 Uhr Führungen für Kinder und Eltern. Ein reichhaltiges Programmheft ist bei den Tourist-Informationen erhältlich.

25 [K15] **Theatermuseum.** Der ehemalige Wohnsitz des Hofgärtners ist seit 1988 Sitz des Theatermuseums, das mehr als 400 Jahre Theatergeschichte präsentiert. Das Programm umfasst Aufführungen, wechselnde Ausstellungen, Diskussionsrunden, Lesungen und Kurse.

KUNSTGALERIEN

Düsseldorf ist eine Stadt der Kunst und Kultur und neben Museen gibt es auch zahlreiche Galerien. Entlang der Königsallee und in der Altstadt finden sich viele bekannte Galerien, aber auch in Flingern ist die Galeriedichte ausgesprochen hoch.

125 [J17] **Beck & Eggeling,** Bilker Str. 4–6, Tel. 5834440, www.beck-eggeling.de, geöffnet: Di.–Fr. 10–13 und 14–18 Uhr, Sa. 11–16 Uhr. Im Kunsthaus Beck & Eggeling sind gleich drei Galerien zu finden und dazu ein eigener Verlag. Hinter den beiden Namen stehen die Kunsthistorikerin Dr. Ute Eggeling und der Kunsthändler Michael Beck. Im „Beck & Eggeling International Fine Art“ präsentiert die Galerie vor allem französische Impressionisten von Renoir bis Monet und daneben Werke deutscher Expressionisten wie Nolde, Kirchner oder Macke. In der „Galerie für Kunst von Picasso“ (www.art-by-pablo-picasso.de), die Beck und Eggeling gemeinsam mit Cecilie und Friedrich G. Conzen führen, sind ausschließlich Werke von Picasso bzw. Künstler in seinem direkten Umfeld zu sehen. „Beck & Eggeling new quarters“ zeigt jährlich 6 bis 8 Ausstellungen mit internationaler Gegenwartskunst.

126 [K16] **F.G. Conzen in der Trinkhausgalerie,** Königsallee 21–23, Tel. 866810, www.conzen.de, geöffnet: Mo.–Mi. 10–18.30 Uhr, Do./Fr. 10–19 Uhr, Sa. 10–16 Uhr. Ein alteingesessenes Geschäft, das als Spiegel- und Rahmenwerkstatt startete und heute aus der Kunstszene in Düsseldorf nicht mehr wegzudenken ist. Es finden wechselnde Ausstellungen zur Kunst des 20. und 21. Jh. statt. Eine zweite Dependance ist die Galerie F.G. Conzen am Stadttor, Völklinger Straße 24, Tel. 577010, geöffnet: Mo.–Fr. 9–18 Uhr, Sa. 10–15 Uhr.

127 [P16] **Galerie Konrad Fischer,** Platanenstraße 7, Flingern, Tel. 685908, www.konradfischergalerie.de, geöffnet: Di.–Fr. 11–18 Uhr, Sa. 11–14 Uhr. In einem Hinterhof in Flingern befindet sich eine der renommiertesten Galerien der Stadt. 1967 eröffnete Konrad Fischer seine erste Ausstellung in einem kleinen Raum in der Neubrückenstraße und zeigte vor allem Minimal Art und Konzeptkunst. Künstler wie Bruce Naumann, On Kawara, Thomas Schütte oder Gregor Schneider hatten ihren ersten Auftritt bei Fischer. Neu war, dass die Künstler zu Projekten nach Düsseldorf eingeladen wurden und man nicht nur ihre Werke präsentierte.

128 [I17] **Galerie Rupert Pfab,** Orangeriestraße 6, Carlstadt, Tel. 131666, www.galerie-pfab.com, geöffnet: Di.–Fr. 12–18 Uhr, Sa. 11–14 Uhr. In einem der schönsten historischen Gebäude der Carlstadt befindet sich die Galerie Rupert Pfab. Dabei steht die historische Stätte in starkem Kontrast zu den Kunstpräsentationen der Gegenwart. Schwerpunkte sind internationale Gegenwartskunst und auch Düsseldorfer Gegenwartskunst. Das Programm umfasst u. a. Fotografien, Zeichnungen, Skulpturen und Malerei.

129 [P15] **Galerie Schönewald und Beuse Fine Arts,** Lindenstraße 182, Flingern, www.schoenewaldundbeuse.de, Tel. 2304367, geöffnet: Di.–Fr. 10–18 Uhr, Sa. 11–15 Uhr. Schwerpunkt der Galerie sind Werke europäischer und amerikanischer Künstler der 1960er- und 1970er-Jahre. Die renommierte Galerie wurde im Jahre1992 in Krefeld gegründet. Das heutige Gebäude, eine ehemalige hydraulische Fabrik, wurde in 2008 zu einer lichtdurchfluteten Galerie umgebaut. Eröffnet wurde die Galerie mit Werken von Gerhard Richter.

KUNST UNTER FREIEM HIMMEL

Kunst beschränkt sich nicht nur auf Museen und Galerien, auch im öffentlichen Raum sind Werke zu bewundern. Schwerpunkte sind hierbei die Altstadt und der Medienhafen (s. S. 98), wo eine Vielzahl renommierter Architekten wie Frank O. Gehry, Joe Coenen, William Alsop oder Fumihiko Maki ihre Spuren hinterlassen haben. Er ist zu einer Art „Open-Air-Museum" für Architektur geworden.

- 130 [J18] **Affen,** von Jörg Immendorff, GAP 15, Graf-Adolf-Platz 15. Die Bürotürme des Gap 15 am südlichen Ende der Königsallee sind unübersehbar. Im Erdgeschoss befinden sich die „Monkey"-Restaurants, die ihren Namen von den hier aufgestellten Skulpturen haben, die von Jörg Immendorff (s. S. 47) geschaffen wurden.
- 131 [J16] **Auseinandersetzung,** von Karl-Henning Seemann, Mittelstraße/Ecke Grabenstraße. Mitten in der Einkaufsstraße (Nähe Carlsplatz) stehen zwei lebensgroße Bronzefiguren, die sich streiten. Das Besondere: Sie stehen nicht auf einem Sockel, sondern direkt auf der Erde, so als würden sie den Betrachter einladen, an ihrer Diskussion teilzuhaben.
- 132 [J16] **Habakuk,** von Max Ernst, Grabbeplatz vor der Kunsthalle. Max Ernst schuf 1934 nach einem anregenden Sommerurlaub mit Alberto Giacometti eine Serie von Gipsplastiken. Auch für den Habakuk (Prophet des Alten Testaments) arbeitete er mit Gussformen, die er mit Gips füllte: Die Abgüsse von drei verschieden großen Blumentöpfen bilden den Körper der Figur, die auf einem Sockel ruht. 1936 überarbeitete er die Figur noch einmal: Der Blick richtet sich jetzt nach oben. Max Ernst zeigt Habakuk so als Wahrsager und Seher. 1971 wurde von Hermann Isenmann ein Bronzeguss in siebenfacher Vergrößerung angefertigt (ursprünglich 52 cm), die jetzt vor der Kunsthalle steht.
- 133 [J18] **Heinrich-Heine-Monument,** von Bert Gerresheim, Schwanenmarkt. Das Monument wurde zum 125. Todestag des Dichters von einem Privatmann in Auftrag gegeben und 1981 fertiggestellt. Der Künstler hat sich von der Totenmaske Heinrich Heines inspirieren lassen, die sich im Heinrich-Heine-Institut in der Bilker Straße befindet. Sie ist unter einem Glassturz zu sehen, weshalb Gerresheim die Bronzemaske unter einen „Kasten" aus Stangen setzte. Der eine Teil ist als Ganzes zu sehen, die andere Hälfte zerschlagen, was auf die Zerrissenheit und das komplizierte Leben Heines hindeuten soll. Das Monument wird von Symbolen für Heines Leben wie eine Zensurschere oder ein Schuh ergänzt (Heines Frau Mathilde war Schuhverkäuferin). Das Monument ist eine Vexierskulptur, d. h., sie kann begangen werden. Der Betrachter setzt sich die Skulptur so selbst aus verschiedenen Perspektiven zusammen.

› **Säulenheilige,** von Christoph Pöggeler. Der Düsseldorfer Künstler präsentiert seit 2001 an verschiedenen Orten in der Stadt auf Litfaßsäulen täuschend echte Skulpturen von Menschen. Dargestellt werden Menschen, die typisch für das jeweilige Viertel sind. So findet sich z. B. im Medienhafen, vor dem WDR-Gebäude (Westdeutscher Rundfunk, Stromstr. 24), „Marlis“, eine junge Frau, die den Kopf in den Nacken legt und nach oben blickt, quasi eine Anspielung darauf, dass die Gebäude im Medienhafen sehr hoch sind.

•134 [L17] **Segelbrunnen,** von Heinz Mack, Berliner Allee, Platz der Deutschen Einheit. Drei Edelstahlprismen, wie Segel in die Höhe gereckt und von denen das höchste 11 m hoch ist, bilden zusammen einen im Jahr 1988 entstandenen Brunnen. Heinz Mack ist Bildhauer und Maler und war im Jahre 1957 ein Mitbegründer der Gruppe ZERO in Düsseldorf. Das zentrale künstlerische Thema von Mack ist das Licht. In seinen Skulpturen und seinen Bildern versucht er dies zu vermitteln. Der Brunnen ist ein Licht-Wasser-Ensemble, das dem Platz einen Mittelpunkt gibt.

DÜSSELDORF ZUM TRÄUMEN UND ENTSPANNEN

Wer nach Düsseldorf kommt, ist überrascht, denn die Stadt ist erstaunlich grün und verfügt über zahlreiche Parks, Gärten und die Rheinwiesen. Seit dem 18. Jh. ist die Metropole am Rhein Gartenstadt und gewann 2008 bei der Entente florale den ersten Preis und den Titel der grünsten Stadt Deutschlands.

Gärten und Parks waren in Düsseldorf schon immer wichtig. Bereits im 18. Jh. entstand der **Hofgarten** 24, der als schönster Park Düsseldorfs und grüne Lunge der Stadt gilt. Es war der erste öffentliche Park in Deutschland und für die Düsseldorfer war es etwas Besonderes, zwischen den Baumalleen, Blumenrabatten und Teichen spazieren zu können. 1795 wurde der Hofgarten von französischen Soldaten zerstört, um 1800 aber wieder hergerichtet.

Düsseldorfs Ruf als Gartenstadt haben vor allem zwei Männer begründet: der Gartenarchitekt Maximilian Friedrich Weyhe und der Stadtplaner Adolph von Vagedes. Gemeinsam mit dem Wasserbaumeister Christian Wilhelm G. Bauer schufen sie die Königsallee, den Schwanenspiegel und erweiterten den Hofgarten. Maximilian Friedrich Weyhe schuf auch die Gärten von **Schloss Benrath** 45 im Süden Düsseldorfs. Aus den Parkanlagen für die Adligen wurden allmählich Flaniermeilen für alle Bürger. Unter Napoleon wurde der Hofgarten dann ein weiteres Mal erweitert – quasi bis zum Rhein.

Am südlichen Ende der Königsallee befindet sich die Parkanlage an Schwanenspiegel und Kaiserteich. Bereits 1819 hatte Maximilian Weyhe Pläne dafür vorgelegt, doch die Umsetzung ließ noch bis 1842 auf sich warten, denn das Gelände musste erst einmal entsumpft werden. Der Garten ist so angelegt, dass zwei Halbinseln fast in der Mitte der Teiche aufeinandertreffen. 1865 wurde die Anlage erweitert und zwischen 1876 und 1880 entstand das Ständehaus, das bis 1988 Sitz des Parlaments war. Heute wird das Ständehaus als Museum für Kunst des 21. Jh. genutzt (K21 15).

► *Ein Ort zum Entspannen – der Nordpark* 40

Im Zuge der Euroga 2002plus entstanden in Düsseldorf an verschiedenen Orten neue Kunstwerke und -projekte, so z.B. die Parkbänke im Hofgarten 24, die nachts blau leuchten, und auch die Parkanlage am Schwanenspiegel und Kaiserteich wurden nach den Plänen von Maximilian Weyhe neu gestaltet. 2004 wurde der Hofgarten in die „Straße der Gartenkunst an Rhein und Maas aufgenommen".

Im Süden der Stadt liegt der **Volksgarten** (s.S. 112). Der Name ist dabei Programm, denn es sollte ein Park für das Volk, d.h. für die Arbeiter sein. Dieser Park ist deshalb auch ganz anders gestaltet als der Hofgarten oder der Park um Schloss Benrath, die beide höfisches Leben repräsentierten. Im Volksgarten konnten sich die Arbeiter und ihre Familien erholen, spazieren gehen, picknicken und spielen. Zur Bundesgartenschau 1987 wurde er einer Grunderneuerung unterzogen. Im Südpark 44, zu dem der Volksgarten gehört, befinden sich auch eine Spielwiese für Kinder und ein Streichelzoo.

Der **Botanische Garten** ist das ganze Jahr über für Besucher geöffnet und nicht nur etwas für Blumenfreunde. In der Mitte des Freigeländes steht ein 18 Meter hoher, sehr filigraner Kuppelbau, in dem sich Pflanzen befinden, die aus Gebieten mit warmen und trockenen Sommern sowie regenreichen, aber nicht kalten Wintern stammen – zum Beispiel Pflanzen von den Kanaren. Daneben gibt es auch ein Haus für südafrikanische Pflanzen und eine Orangerie.

Der Rundgang durch das Freiland führt um eine große Wildblumenwiese, an deren Rand sich Bauern-, Apotheker- sowie Duft- und auch Stinkgärten befinden.

•136 [N25] **Botanischer Garten,** Heinrich-Heine-Universität, Universitätsstraße 1, Tel. 811247, www.botanischergarten.uni-duesseldorf.de, geöffnet: März und Oktober Mo.–Fr. 8–18 Uhr, Sa. 13–18 Uhr, So./feiertags 10–18 Uhr; April bis September Mo.–Fr. 8–19 Uhr, Sa. 13–19 Uhr, So./feiertags 10–19 Uhr, November bis Februar Mo.–Fr. 8–16 Uhr, Eintritt: frei.

029df Abb.: hg

EXTRATIPP

Düsseldorf vom Wasser aus

Wer eine kleine **Auszeit** vom Herumlaufen möchte, dem sei eine Fahrt mit dem Schiff empfohlen. Sie ist entspannend und zugleich erfährt der Gast mehr über Düsseldorf und lernt die Stadt vom Wasser aus kennen. Angeboten werden verschiedene **Touren,** Startpunkt ist an der Rheinuferpromenade in der Altstadt. Eine Fahrt führt z. B. in den Medienhafen und zurück oder nach Kaiserswerth, dem ältesten Teil der Stadt (KD oder Weiße Flotte, s. S. 125).

Kaum zeigen sich die ersten sonnigen Tage, schon tummeln sich Sonnenhungrige auf den **Rheinwiesen** (linksrheinisch, auf der linken und rechten Seite der Oberkasseler Brücke) oder auf der rechten Seite des Rheins im **Rheinpark** [I11/12], der beim Ehrenhof-Komplex beginnt. Wer im Frühling kommt, ist erstaunt über die bunte Pracht im Rheinpark. Dort blühen jedes Jahr etwa 5 Mio. blaue Krokusse, die sich wie ein blaues Band über die Wiesen ziehen. Baden sollte man im Rhein jedoch nicht. Es gibt viel Schiffsverkehr und dessen Sogwirkung kann gefährlich werden.

Im Norden der Stadt erstreckt sich der **Nordpark** (40), eine große Parkanlage mit einem Palmen-, Sommerblumen- und einem japanischen Garten. Letzterer ist ein Areal mit Wasserfall, Weiher, malerischen Felsen, Fächerahorn und geschnittenen Kiefern.

KLEINE PAUSE

Café im Nordpark

Bereits seit mehr als 50 Jahren ist dieses Café eine Institution im Düsseldorfer Nordpark. Umgeben von altem Baumbestand kann man hier sehr angenehm verweilen und Eis, Kuchen und Kaffee zu sich nehmen. Beliebt ist das Café vor allem bei Familien mit Kindern, denn in Blickweite liegt ein Spielplatz. Es gibt auch traditionelle Gerichte wie Gulasch oder Schnitzel.

137 [F7] **Café im Nordpark,** www.im-nordpark.de, tägl. 9–19 Uhr, Küche 12–18 Uhr

Frühstück im Park

Zum Museum K21 (15) gehört die Bar am Kaiserteich. Tagsüber überzieht hier ein Muster aus orangefarbenen und grünen Seifenblasen die Wände, abends greifen grüne Schirmlampen mit ihrem Licht ineinander über und schaffen eine fast psychedelische Atmosphäre. Wände und Lichtmuster wurden von dem in Kuba geborenen Künstler Jorge Pardo gestaltet. Besonders schön ist auch die Terrasse im Park. Hier sitzt der Gast idyllisch mitten im Grünen und kann ein spätes Frühstück genießen.

135 [J19] **Bar am Kaiserteich,** Ständehausstraße 1, www.bar-am-kaiserteich.de, Tel. 1713020, geöffnet: Di.–So. 10–18 Uhr (zu den Öffnungszeiten des K21). Jeden 1. Sonntag im Monat gibt es Brunch.

AM PULS DER STADT

030df Abb.: hg

DAS ANTLITZ DER METROPOLE

Die Metropole Düsseldorf zieht sich rechts und links am Rhein entlang. An den kompakten Altstadtkern mit seinen historischen Gebäuden schließt sich im Süden der Medienhafen mit seiner innovativen Architektur an. Beide sind über die Rheinuferpromenade miteinander verbunden, die von zahlreichen Sehenswürdigkeiten gesäumt ist. Im Norden führen die Rheinwiesen bis zum Nordpark. Oberkassel, das auf der anderen Rheinseite liegt, erreicht man über eine Brücke und weiter entfernt gelegene Stadtteile und Sehenswürdigkeiten wie z. B. Kaiserswerth im Norden oder Schloss Benrath im Süden sind gut durch den öffentlichen Nahverkehr angebunden. Immer wieder trifft man in der Stadt auch auf Grünflächen wie Gärten und Parks. Napoleon hat Düsseldorf bei seinem Besuch so gut gefallen, dass er die Stadt „Klein-Paris" genannt haben soll.

Düsseldorf wird aber nicht nur vom **Rhein** geprägt, der die Stadt durchschneidet, sondern auch von der **Düssel**, die der Stadt ihren Namen gegeben hat. Sie durchfließt Düsseldorf mal über- und mal unterirdisch und hat ihre Quelle bei Aprath, in der Nähe von Mettmann und Wülfrath. Der Fluss teilt sich in einen nördlichen und einen südlichen Arm, die beide schließlich in den Rhein münden.

Düsseldorf ist nicht von einer Stadtmauer umgeben und wirkt daher sehr offen. Die früheren Festungsanlagen wurden Anfang des 19. Jh. geschleift und statt ihrer wurde z. B. die Königsallee angelegt. Die Altstadt befindet sich auf der **rechten Seite des Rheins.** Der älteste Teil stammt aus dem Mittelalter und liegt rund um die St. Lambertuskirche (4). Von dort dehnte sich die Stadt dann zunächst weiter Richtung Süden aus. Heute ist die Altstadt eine reine Fußgängerzone. Im Süden schließt die **Carlstadt** mit ihren Bürgerhäusern und Palais aus dem 18. und 19. Jh. an die Altstadt an. Unter preußischer Herrschaft entstanden dann die **Friedrichstadt** und **Bilk,** noch weiter südlich gelegen.

Mehrere Orte wurden im Laufe der Zeit eingemeindet und die Stadt vergrößerte sich. Richtung Norden erstreckt sie sich bis nach **Kaiserswerth,** das 1929 Teil der Stadt wurde, und seit 1909 dehnt sich Düsseldorf durch die Eingemeindung von **Oberkassel** und **Heerdt** auch auf die **linke Rheinseite** aus.

Bereits seit Anfang der 1980er-Jahre wird ein alter Hafenteil zum vor allem auch architektonisch sehenswerten **Medienhafen** umgebaut. Schon von Weitem ist der Rheinturm sichtbar. Dahinter befinden sich die Gehry-Bauten mit ihrer „tanzenden" Architektur.

031df Abb.: hg

◄ *Vorseite: Ein Mix aus Alt und Neu im Medienhafen (s. S. 98)*

VON DEN ANFÄNGEN BIS ZUR GEGENWART

1195 wurde Düsseldorf erstmalig erwähnt, 1288 wurde es nach der Schlacht von Worringen zur Stadt erhoben und erhielt die Stadtrechte. Damit begann der Handel und die Stadt begann zu wachsen und wirtschaftlich aufzublühen. Heute ist Düsseldorf die Landeshauptstadt von Nordrhein-Westfalen, dem größten deutschen Bundesland.

Ab 7. Jahrhundert: Erste Siedlungen im Raum Düsseldorf entstehen in Kaiserswerth (seit ca. 695), Bilk (799), Gerresheim (870) und Heerdt (1074). Alle werden später eingemeindet. 1195 wird Düsseldorf, das Dorf an der Düssel, zum ersten Mal erwähnt.

1288: Nach der Schlacht von Worringen (14. August 1288) erhält Düsseldorf durch Graf Adolf von Berg und seine Frau Elisabeth von Geldern die Stadtrechte. Sie umfassten das Marktrecht, das Zollrecht und eine neue Gerichtsbarkeit. Düsseldorf hat ca. 400 Einwohner.

1380: Um ca. 1400 wird die Grafschaft Berg zum Herzogtum. Düsseldorf wird zur Residenz- und Hauptstadt ausgebaut und ist mit ca. 1800 Einwohnern die größte Stadt im Herzogtum. Ende des 14. Jh. wächst die Stadt durch Eingemeindungen rapide an. Derendorf, Golzheim, Grafenberg, Flingern, Bilk und Hamm sind nun Teil der Stadt.

1521: Düsseldorf wird zur Hauptstadt der vereinigten Herzogtümer Jülich, Kleve, Mark und Berg. Die Befestigung der Stadt wird verstärkt. Herzog Wilhelm der Reiche gibt um 1540 den Auftrag zum Bau einer Zitadelle, die jedoch unvollendet bleibt. Bis 1600 wird die Stadt mit neu gestaltetem Schloss und Rathaus zur Renaissanceresidenz ausgebaut. 1585 findet die große Hochzeit zwischen Johann Wilhelm, dem Sohn Wilhelms des Reichen, und Jacobe von Baden statt. Die Ehe verläuft sehr unglücklich und Jacobe von Baden stirbt schließlich unter ungeklärten Umständen. Auch Wilhelms Ehe mit seiner zweiten Frau bleibt kinderlos. Er bleibt also ohne Nachfolger.

Ab 1614: 1609 bis 1614 kommt es zum Jülich-Klevischen Erbstreit. Düsseldorf fällt zusammen mit den Herzogtümern Jülich und Berg an das Haus Pfalz-Neuburg. 1614 tritt Wolfgang Wilhelm

▼ *Düsseldorfs Altstadt liegt rechtsrheinisch*

032df Abb.: hg

die Regierung an, 1653 sein Nachfolger, Philipp Wilhelm, der bis 1679 regiert und beginnt, die Stadt zur barocken Residenzstadt auszubauen. Das Schloss in Benrath entsteht (1660–71).

1679–1716: Unter Johann Wilhelm II., kurz Jan Wellem genannt, gelangt die Stadt zu kultureller Blüte. Festungen werden gebaut, die Straßen gepflastert und im Schloss entsteht die größte Gemäldegalerie Europas. Nach Jan Wellems Tod wird die Residenz nach Mannheim verlegt. Sein Nachfolger ist Kurfürst Carl III. Philipp, der bis 1742 regiert.

1742–95: Unter der Regentschaft von Kurfürst Carl Theodor blüht die Stadt wirtschaftlich und kulturell erneut auf. Schloss Jägerhof und der Hofgarten entstehen, Schloss Benrath wird neu gebaut und das Rathaus umgebaut. Die Stadt wird durch die Carlstadt nach Süden erweitert. 1785 wird die Stadt im Zuge des Siebenjährigen Krieges von den Hannoveranern beschossen.

▲ *Der Fischerjungenbrunnen hinter der St. Lambertuskirche* 4 *erinnert daran, dass Düsseldorf ursprünglich ein Fischerdorf war*

1795–1815: 1795 wird Düsseldorf durch Kapitulation den Franzosen übergeben und französische Revolutionstruppen besetzen die Stadt. Bis zum Frieden von Lunéville im Jahr 1801 ist Düsseldorf französisch, danach fällt es für kurze Zeit an Bayern zurück. Die Festungsanlagen werden geschleift, die Königsallee wird angelegt und der Hofgarten erweitert. Nach dem Vertrag von Schönbrunn und dem Vertrag von Brünn steht die Stadt ab 1806 wieder unter französischer Verwaltung und ist Hauptstadt des Großherzogtums Berg. Düsseldorf nutzt die Zeit unter französischer Verwaltung. Der Code civil bringt Rechtssicherheit und gesetzliche Gleichheit für alle. Die Handels- und Gewerbefreiheit belebt die Wirtschaft. 1811 ist Napoleon in Düsseldorf zu Besuch und von der Stadt, die er „Klein-Paris" nennt, begeistert. Ihm zu Ehren findet die erste Gewerbeausstellung statt.

1815: Friedrich Wilhelm III. von Preußen nimmt das Rheinland in Besitz und Düsseldorf wird mit ca. 20.000 Einwohnern preußische Provinzhauptstadt. Der Stadtausbau wird weiter vorangetrieben. Prinz Friedrich Wilhelm Ludwig von Preußen, Neffe des preußischen Königs, hält auf Schloss Jägerhof fürstlich Hof.

1815–59: Als erstes Großunternehmen entsteht 1815 eine Textilfabrik in Düsseldorf. Ab 1824 ist die Stadt Sitz der Provinzialstände der Preußischen Rheinprovinz. Es kommt zur Gründung der Handelskammer und die Gewerbeausstellung für die Rheinprovinz findet statt. Die erste Eisenbahnstrecke wird eröffnet, die erste Schiffsbrücke und das erste Stahlwerk werden gebaut. 1819 wird die Düsseldorfer Kunstakademie zur Königlichen Kunstakademie Preußens und Düsseldorf erlebt seine Blüte als Kunststadt. 1852 folgt eine weitere Gewerbeausstellung. 1854 wird die Stadt Richtung

Süden weiter ausgebaut und durch die Friedrichstadt, die nach König Friedrich Wilhelm IV. benannt ist, erweitert. Mit der Märzrevolution von 1848 beginnt die Epoche des bürgerlichen Nationenstaates. Damit verbunden ist der Aufstieg des Bürgertums. Durch die Industrialisierung kommt es zu einer wachsenden Finanzkraft der Unternehmer.

Ab 1860: Die Hochindustrialisierung ist in vollem Gange und der Verein Deutscher Eisenhüttenleute wird gegründet. Die Gerresheimer Glashütte und ein städtisches Gas- und Wasserwerk werden in Betrieb genommen. Die Hammer Eisenbahnbrücke wird als erste Festbrücke über den Rhein gebaut. Das Henkel-Werk zieht nach Düsseldorf und auf dem neu angelegten Zoogelände findet 1880 die „Große Industrie- und Gewerbeausstellung" statt.

Ab1882: In der Zeit zwischen 1880 und 1900 steigt die Bevölkerungszahl um mehr als das Doppelte an und mit 100.000 Einwohnern wird Düsseldorf 1882 zur Großstadt. 1900 sind es bereits 215.000 Einwohner. Die Börse wird gegründet und 1896 der Hafen eröffnet. An der Wende zum 20. Jh. ist Düsseldorf eine geschäftige Industriestadt. 1902 findet die Industrie-, Gewerbe- und Kunstausstellung statt. Ca. 5 Mio. Besucher kommen. 1909 kommt es zu weiteren Eingemeindungen – auf der linken Rheinseite Oberkassel und Heerdt, rechtsrheinisch Stockum, Rath, Gerresheim, Eller, Wersten und Himmelgeist. Die Stadt hat inzwischen mehr als 300.000 Einwohner. Pläne für die „Millionenstadt Düsseldorf" werden vorgestellt, dann kommt der Erste Weltkrieg.

1914–19: Das Leben in der Stadt ändert sich merklich. Die Düsseldorfer Industrie stellt auf Kriegsproduktion um und wird eine der großen Waffenschmieden.

Ab Ende 1918: Düsseldorf wird linksrheinisch von belgischen und im Süden von englischen Truppen besetzt. 1921 rücken französische Truppen ein. Das Rheinland muss Reparationszahlungen leisten, die wirtschaftliche Lage ist miserabel. Die Besetzung dauert bis 1925 und belastet die Bürger sehr, dennoch kommt es Mitte der 1920er-Jahre zu einer neuen Aufbruchstimmung. So entstehen das erste Bürohochhaus, das Wilhelm-Marx-Haus (1924), und die bis dahin größte Messe, die GeSoLei (1926). 1929 wächst die Stadt durch die Eingemeindungen von Kaiserswerth (die älteste Siedlung im Raum Düsseldorf), Lohausen, Benrath, Holthausen und Reisholz erneut. 1933 hat die Stadt ungefähr 500.000 Einwohner.

1933–45: Düsseldorf steht unter nationalsozialistischer Herrschaft. 1937 findet die Reichsausstellung „Schaffendes Volk" im Ehrenhof statt. Die Synagoge wird niedergebrannt und jüdische Mitbürger werden verfolgt. Während des Zweiten Weltkriegs wird Düsseldorf zwischen 1942 und 1945 zu 60 Prozent zerstört.

Ab 1946: Düsseldorf wird Hauptstadt der Provinz Nordrhein-Westfalen und 1949 dann Landeshauptstadt. 1949 wird der Betrieb am Flughafen wieder aufgenommen. 1963 hat Düsseldorf 700.000 Einwohner.

1965: Düsseldorf bekommt eine Universität.

1967: Die erste S-Bahn der Stadt nimmt den Dienst auf.

1971: Bau einer neuen Messe

1973: Baubeginn der U-Bahn, die 1981 in Betrieb geht

1975: Die Eingemeindung von Angermund, Hubbelrath, Unterbach und Hellerhof vergrößert erneut das Stadtgebiet.

1987: Die BUGA (Bundesgartenschau) findet in Düsseldorf statt.

1988: 700-Jahr-Feier der Stadt

1995: Die neu gestaltete Rheinuferpromenade wird eingeweiht.

2002: Der erste Ski-Weltcup im Langlauf findet auf der unteren Rheinwerft (Rheinuferpromeande) statt (auf Kunstschnee).

2003: Die Häfen von Düsseldorf und Neuss schließen sich zusammen und so entsteht der drittgrößte Binnenhafen Deutschlands.

2008: Bei der Entente florale gewinnt Düsseldorf den 1. Platz als grünste Stadt Deutschlands.

2009: Der Düsseldorfer Hauptbahnhof wird renoviert.

2010: Bei der Mercer-Studie für Lebensqualität kommt Düsseldorf in Deutschland auf Platz 1.

2011: Der Eurovision Song Contest wird in Düsseldorf ausgetragen.

LEBEN IN DER STADT

Düsseldorf ist die **Landeshauptstadt von Nordrhein-Westfalen**, dem größten deutschen Bundesland, und hat zurzeit ca. 590.000 Einwohner. Die Stadt befindet sich im Zentrum der Rhein-Ruhr-Region und ist ein wichtiges **Handels- und Dienstleistungszentrum.** Etwa 5000 ausländische Firmen haben hier ihre Niederlassung – darunter 400 japanische – und Düsseldorf ist vor allem ein beliebter Standort für Werbeagenturen, Unternehmensberatungen, Telekommunikationsfirmen, Banken, Groß- und Außenhandel, aber auch die Modebranche in der Stadt floriert. 1971 wurde die neue **Messe** gebaut und mehr als 40 internationale Fachmessen finden hier regelmäßig statt, davon 20 Weltleitmessen wie die drupa, die Kunststoff oder die Boot. Für andere Großevents steht die **Esprit-Arena** zur Verfügung.

Die Stadt ist verkehrstechnisch gut angebunden. Der **Hauptbahnhof** entstand in den 1980er-Jahren und ist Knotenpunkt für den Nah- und Fernverkehr, S- und U-Bahn. 2009 wurde er renoviert. Der Düsseldorfer **Flughafen** hat einen Einzugsbereich, der vom Ruhrgebiet bis nach Bonn reicht, und wickelt sowohl Linien-, als auch Charter- und Luftfrachtverkehr ab. 70 internationale Airlines fliegen von Düsseldorf aus zu 170 Zielen weltweit.

Was die **Lebensqualität** anbelangt, so kam die Stadt am Rhein 2010 bei einer Studie im Deutschlandvergleich auf Platz 1 und im europäischen immerhin auf Platz 6. Bei der Studie, in der weltweit 215 Großstädte untersucht wurden, bewertete man nicht nur wirtschaftliche Faktoren, sondern auch Umweltaspekte, Kriterien wie Sicherheit und Gesundheit, Bildungs- und Verkehrsangebote sowie Dienstleistungen der Stadt.

Düsseldorf ist eine **Weltstadt** und hat sich auch für **andere Kulturen und Nationalitäten** geöffnet. Von den ca. 590.000 Einwohnern kommen etwa 100.000 aus dem Ausland. Bereits in den 1950er-Jahren haben sich japanische Unternehmen in der Stadt niedergelassen und inzwischen leben etwa **7000 Japaner** in Düsseldorf. In Oberbilk finden sich vor allem **türkische Mitbewohner**, die ca. 13 Prozent der Bevölkerung ausmachen, gefolgt von **Griechen** (ca. 9 Prozent) und Einwanderern aus der **Gemeinschaft Unabhängiger Staaten** (knapp 8 Prozent). Nicht weit vom Bahnhof (zwischen Berliner Allee und Bahnhof) hat sich außerdem die **chinesische Gemeinschaft** etabliert – 275 chinesische und 90 taiwanesische Unternehmen haben ihren Sitz in der Stadt.

▶ *In den Hausbrauereien kommt man schnell ins Gespräch*

033df Abb.: hg

Düsseldorf bietet also eine Mischung aus unterschiedlichsten Kulturen, Nationalitäten und Mentalitäten und den **„typischen Düsseldorfer"** gibt es deshalb kaum. Nichtsdestotrotz ist der **Rheinländer** schon ein besonderer Menschenschlag, der sich durch **Geselligkeit** und **Kommunikationsfreude** auszeichnet. Bei einem Besuch in einer der vielen Hausbrauereien kommt man schnell miteinander ins Gespräch und dabei kann es schon einmal vorkommen, dass dem Gast lebenslange Freundschaft angetragen wird, die aber am nächsten Tag bereits vergessen ist. Lore Lorentz vom Düsseldorfer Kom(m)ödchen hat das einmal so formuliert: „Der Düsseldorfer öffnet die Arme zur Begrüßung, aber er schließt sie nicht."

Geselligkeit wird gern gesehen, aber immer mit einer gewissen Distanz, und nicht jedes Wort darf auf die Goldwaage gelegt werden. Auch die immer wieder beschworene **Rivalität zwischen Düsseldorf und Köln** ist unter diesem Aspekt zu sehen und wird eher mit einem Augenzwinkern betrachtet. Sie geht auf 1288 zurück, wo die Düsseldorfer gegen den Erzbischof von Köln in die Schlacht zogen und siegten. Obwohl die Fehde längst beigelegt ist, sollte man dennoch nicht den Fauxpas begehen und im Lokal ein „Kölsch" statt eines „Alt" bestellen.

Wirtschaftlich betrachtet ist Düsseldorf eine florierende Stadt und seit mehr als drei Jahren schuldenfrei. Der **Tourismus** ist dabei einer der Wachstumsmotoren. In den letzten Jahren hat Düsseldorf an Beliebtheit gewonnen und konnte 2010 mehr als 3,5 Mio. Besucher verzeichnen – Tendenz steigend.

KLEIN-TOKIO

Mit etwa 7000 Mitgliedern lebt in Düsseldorf die größte ***japanische Gemeinde*** *Deutschlands. In Europa ist sie nach London und Paris die drittgrößte. In den 1950er-Jahren kamen erste japanische Geschäftsleute nach Deutschland. Sie wollten die japanische Wirtschaft wieder aufbauen und waren auf der Suche nach Produkten aus der* ***Schwerindustrie*** *und nach* ***chemischen Erzeugnissen.*** *Im Ruhrgebiet fanden sie Kohle und Stahl und außerdem waren die Lage Düsseldorfs innerhalb Europas und die Anbindung an andere wichtige europäische Städte so gut, dass die Stadt zur „japanischen Hauptniederlassung" auserkoren wurde. Seither schicken japanische Unternehmen ihre Mitarbeiter zusammen mit deren Familien regelmäßig für einige Jahre nach Deutschland und im Laufe der Zeit hat sich so eine gute Infrastruktur entwickelt. Es gibt zwei örtliche* ***japanische Zentren:*** *Einmal die* ***Immermannstraße*** *[L/M17], wo sich wichtige japanische Institutionen, Geschäfte und Restaurants befinden, und* ***Ober- und Niederkassel*** *auf der anderen Seite des Rheins, wo viele Japaner wohnen. Dort gibt es auch einen japanischen Kindergarten und eine japanische Schule. Besonders sehenswert ist vor allem das EKO-Haus* **43***, ein buddhistischer Tempel mit Zen-Garten.*

Entlang der Immermannstraße befindet sich das ***Deutsch-Japanische Center*** *(Immermannstraße 41) mit dem japanischen Generalkonsulat und der japanischen Industrie- und Handelskammer, beide in den 1960er-Jahren entstanden. Das Hotel Nikko (ebenfalls Immermannstraße 41), ein 600-Betten-Hotel, ist die erste Adresse für japanische Gäste, wenn sie nach Düsseldorf kommen, und gegenüber reihen sich japanische Restaurants, Cafés und Geschäfte aneinander. Im Designladen* ***Kyoto*** *(s. S. 25) gibt es in*

DÜSSELDORF – EINE STADT IM UMBRUCH

Wer im Augenblick nach Düsseldorf kommt, ist zunächst einmal überrascht, denn die Stadt zeigt sich dem Besucher an manchen Stellen momentan nicht gerade von ihrer schönsten Seite. Der Grund: In Düsseldorf wird gebaut – und zwar an vielen Stellen. Eine neue U-Bahn-Linie entsteht und damit verbunden wird auch gleich einer der Hauptverkehrsknotenpunkte umgestaltet: Das nördliche Ende der Königsallee mit dem Jan-Wellem-Platz.

2010 begannen die Tunnelarbeiten für die neue **U-Bahn-Linie,** die Düsseldorf von **Nord nach Süd** durchziehen und „Wehrhahn-Linie" heißen wird. Bis Ende 2014 sollen die Bauarbeiten andauern. Der erste Bauabschnitt für die Tunnelarbeiten wurde 2010 bereits fertig. Im April 2011 begannen dann die Arbeiten für den zweiten Abschnitt. Der Bohrer arbeitet sich dabei

► In Düsseldorf wird bis Ende 2014 eine neue U-Bahn-Linie gebaut

*Japan hergestellte Waren, vom Papierfisch über Keramik und Blumenvasen bis hin zu Esstischen. Wer Lust hat, kann in der **Bakery My Heart** (s. S. 34) Grünteekuchen, mit roter Bohnenpaste gefülltes Gebäck oder eines der leckeren Sandwiches probieren.*

*Eine Spezialität sind auch die **japanischen Nudelsuppen,** die es in vielen Varianten mit Udon- (Weizen) oder Sobanudeln (Buchweizen) und mit oder ohne Miso (Sojabohnenpaste) gibt. Vor allem vor dem **Naniwa Noodles & Soups** (s. S. 35) warten immer lange Schlangen auf einen Sitzplatz im Lokal. Onigiri (salzige japanische Reiskuchen mit unterschiedlicher Füllung), typisch japanische Snacks, die mit Nori (Algenblättern) umwickelt sind, verkauft das **Waraku** (Immermannstraße 27) und Sushi, Matcha-Tee, Sojasoßen, Sake (Reiswein) und viele andere japanische Lebensmittel lassen sich in den großen **Supermärkten** in der Immermannstraße erstehen. Ein japanischer Buchladen (Marienstraße), Friseure, Immobilienmakler runden das Angebot ab.*

*Einmal im Jahr findet der **Japan-Tag** statt, bei der die japanische Gemeinde ein umfangreiches Kulturprogramm präsentiert. Mehr als 1 Mio. Besucher lockt er jedes Jahr an den Rhein. Es gibt Bühnenshows wie z. B. Taiko-Trommeln oder Bon-Tanz und kostenlose Mitmachaktionen wie Origami (Papierfalten), Kalligrafie, Ikebana oder eine Kimono-Anprobe. Auch Mangafans aus aller Welt treffen sich hier und ziehen verkleidet durch die Straßen.*

*Besonders sehenswert ist auch der **japanische Garten,** der sich im Düsseldorfer Nordpark* **40** *befindet. Ein 5000 m² großes Areal mit Wasserfall, Weiher, malerischen Felsen, Azaleen, Fächerahornbäumen und geschnittenen Kiefern.*

034df Abb.: hg

vom Corneliusplatz aus Richtung Osten vor und erreicht bis September/Oktober 2011 hoffentlich planmäßig das Ziel am Wehrhahn, einer Straßenbahn- und S-Bahn-Station und einer der zentralen Verkehrsadern. Danach wird der Bau der Bahnhöfe in Angriff genommen.

Im Zuge der Arbeiten wird auch der **Übergang zum Hofgarten** mit Jan-Wellem-Platz, Schadowplatz, Drei-Scheiben-Haus und Gustaf-Gründgens-Platz vor dem Schauspielhaus **neu gestaltet.** Der **Verkehr** soll hier **unterirdisch** geführt werden. Tunnel werden die Tiefgaragen unter dem Gustaf-Gründgens-Platz und dem Drei-Scheiben-Haus sowie dem Steigenberger Parkhotel verbinden. Der **Tausendfüßler,** wie die Hochstraße genannt wird, die 1962 als eine der damals modernsten Straßen gebaut wurde, muss weichen (Abriss bis Ende 2012).

Der **Jan-Wellem-Platz,** der bisher ein wichtiger Verkehrsknotenpunkt war, wird sich ebenfalls stark verändern. Hier soll bis Ende 2013 nach Plänen des Architekten Daniel Libeskind, der bereits das Jüdische Museum in Berlin und das Denver Art Museum entwarf, der neue Gebäudekomplex **Kö-Bogen** entstehen. Auch soll es eine direkte Verbindung von der Königsallee zum Hofgarten geben, indem das Wasser im **Kö-Graben** am Corneliusplatz mit der Landskrone, einem Weiher im Hofgarten, zusammengeführt wird – keine neue Idee, denn so sah es bereits der Ursprungsplan aus dem 19. Jh. vor. Das gesamte Areal soll offener und fußgängerfreundlicher werden – und grüner. So sollen Dach und Fassade des Kö-Bogens mit „hängenden Gärten" begrünt werden.

Die Bauarbeiten werden zu **erheblichen Einschränkungen** und **Verkehrsumleitungen** führen und einige der Düsseldorfer **Sehenswürdigkeiten** können in dieser Zeit nicht besichtigt werden, z. B. am nördlichen Ende der Königsallee, wo der **Schalenbrunnen** am Corneliusplatz bereits in mehrere Teile zerlegt und abgebaut wurde. Der Brunnen aus dem Jahr 1882 wurde von Leo Müsch entworfen und war während der beiden Weltkriege bereits mehrmals beschädigt und wieder saniert worden. Auch dieses Mal wird er, bevor er wieder aufgestellt wird, erst noch saniert.

› Aktuelle Infos zu Baustellen finden sich im Internet unter www.duesseldorf.de/wehrhahnlinie/index.shtml.

DÜSSELDORF ENTDECKEN

064df Abb.: © Jakob Kamender, Fotolia.com

Der mittelalterliche Stadtkern Düsseldorfs erstreckt sich rund um die St. Lambertuskirche am Stiftsplatz, nicht weit entfernt vom Burgplatz. Die Altstadt ist heute eine reine Fußgängerzone. Noch weiter Richtung Süden erstreckt sich die Carlstadt aus dem 18. und 19. Jh. mit ihren Bürgerhäusern und Palais. Der Medienhafen ist nur einen Katzensprung entfernt und über die Rheinuferpromenade gut zu erreichen.

ALTSTADT

1 BURGPLATZ MIT SCHLOSSTURM ★★★ [I16]

An der Mündung der Düssel entstand um 1324 die Burg der Grafen von Berg. Sie wurde im 15. Jh. zu einem mächtigen Schloss ausgebaut, in dem Kurfürst Jan Wellem seine berühmte Kunstsammlung präsentierte. Von dem Schloss ist heute nur noch der Turm übrig.

Bei Baubeginn des Düsseldorfer Schlosses gab es noch keine Stadtmauer. Der erste **Mauerring** um die Stadt entstand erst um 1350. Um 1400 wurde die Grafschaft Berg zum Herzogtum und Düsseldorf die **Residenz- und Hauptstadt.** 1492 brach zum ersten Mal ein Feuer im Schloss aus. Es wurde wieder aufgebaut, 1510 jedoch erneut durch einen Brand zerstört. Als Düsseldorf 1521 zur **Hauptstadt der vereinigten Herzogtümer** von Jülich, Kleve, Mark und Berg wurde, sollte das Schloss herrschaftlich ausgebaut werden. Wilhelm der Reiche holte den italienischen Baumeister Alessandro Pasqualini und nach seinen Plänen entstand ein **Schloss mit drei Flügeln.** Zum Rheinufer hin hatte es drei Geschosse und die Seiten wurden durch Türme begrenzt.

Als **Kurfürst Jan Wellem** 1679 die Herrschaft in Düsseldorf übernahm, war das Schloss schon ziemlich baufällig. Italienische Architekten entwarfen deshalb Pläne, nach denen das Schloss im neuen Barockstil um- und ausgebaut werden sollte. Für die Anforderungen Jan Wellems waren auch etliche **Anbauten** nötig: ein Backhaus, ein Brauhaus, ein Pferdestall, eine Reitschule und ein Ballhaus. Eine prächtige Residenz entstand, in der auch die damals größte **Kunstsammlung** Europas untergebracht war, unter deren Exponaten sich auch Originale von Rubens und Anton van Dyck befanden. Die Sammlung wurde nur ausgewählten Besuchern gezeigt und war über eine Verbindungstreppe vom Schloss her zu betreten. Jan Wellem hatte keine Kinder und nach seinem Tod wurde der Hof verlegt. Die Anlage verfiel und die meisten Gemälde kamen 1805 **nach Bayern.** Nur die „Himmelfahrt Mariens", ein Gemälde von Peter Paul Rubens, blieb in Düsseldorf und ist heute im museum kunst palast (s. S. 52) zu sehen.

Ein **Feuer** (insgesamt das vierte) zerstörte das Schloss 1872 fast vollständig. Nur der **Turm** blieb übrig. Hier befindet sich seit 1984 das **Schifffahrtmuseum** (s. S. 53), das 2000 Jahre Rheinschifffahrt dokumentiert. In der obersten Etage befindet sich in der „Laterne" des Turms außerdem ein Café mit Blick auf den Rhein.

◄ *Vorseite: Der Medienhafen (s. S. 98) mit seinen innovativen Gebäuden ist eine Art Open-Air-Museum für Architektur*

035df Abb.: hg

Am Burgplatz führt die **Spanische Treppe** hinunter zum Schlossufer, wo sich auch der **„Balkon“** befindet, eine Wand, die mit zahlreichen Punkten in 140 verschiedenen Farbtönen verziert ist. Es handelt sich um ein Projekt des Kunstakademieprofessors Hermann Josef Kuhna und seiner Studenten. Hier mündet auch die **Düssel**, die der Stadt ihren Namen gegeben hat, in den Rhein. Der Burgplatz ist ein beliebter Treffpunkt und hier befinden sich auch der **Radschlägerbrunnen** 2 und das **Stadterhebungsmonument** 3.

› Haltestelle: Heinrich-Heine-Allee, Straßenbahn 703, 706, 712, 713, 715, U-Bahn U70, 74, 75, 76, 77, 78, 79

▲ *Die Rheinuferpromenade* 16 *zieht sich von der Tonhalle* 19 *am Burgplatz vorbei bis zum Medienhafen (s. S. 98)*

DER SPUK DER WEISSEN FRAU

Vor dem Burgturm ist eine ***Tafel*** *in den Boden eingelassen, die an* ***Jacobe von Baden*** *erinnert, die 1585 Johann Wilhelm I. heiratete. Die Ehe verlief sehr unglücklich, Johann Wilhelm I. verfiel dem Wahnsinn und Jacobe von Baden begann, sich um die* ***Staatsgeschäfte*** *zu kümmern. Letzteres sahen sowohl einige Höflinge, als auch ihre Schwägerin Sibylle gar nicht gern. Man setzte kurzerhand eine* ***Anklageschrift*** *mit 100 Punkten auf und sperrte Jacobe in ihrem Zimmer im Turm ein. Kurz bevor der Prozess stattfinden sollte, wurde sie jedoch tot aufgefunden. Ihr* ***Tod*** *konnte nie aufgeklärt werden und bis heute, so heißt es, findet sie keine Ruhe und geistert als* ***weißes Gespenst*** *durch den Turm.*

❷ RADSCHLÄGER-BRUNNEN ★ [J16]

Der Radschlägerbrunnen befindet sich nicht weit vom Stadterhebungsmonument ❸ entfernt auf dem **Burgplatz** ❶ und wurde im Jahr 1954 von Alfred Zschorsch entworfen. Gestiftet wurde der Brunnen vom Heimatverein Düsseldorfer Jonges und abgebildet sind zwei Jungen, die ein Rad schlagen.

Die sogenannten **Radschläger** haben eine sehr lange Tradition in Düsseldorf und jedes Jahr im Juni findet das große Stadtsparkassen-Radschlägerturnier am Rheinufer statt. Als Motiv sind die Radschläger auch fast überall zu finden, z. B. als Türgriff oder auf Mitbringseln wie Tassen, Gläsern, Bildern oder Schlüsselanhängern.

Anekdoten, wie die Radschläger zu ihrer lokalen Berühmtheit kamen, gibt es verschiedene. Eine davon ist eng mit der **Vergabe der Stadtrechte** an Düsseldorf verbunden. Im Jahr 1288 fand die **Schlacht von Worringen** statt, in der die Düsseldorfer Männer mit Graf Adolf von Berg gegen den Kölner Erzbischof kämpften. Die Schlacht verlief für die Düsseldorfer erfolgreich, jedoch waren viele Soldaten (wenn auch vor allem auf der gegnerischen Seite) ums Leben gekommen.

Bei ihrer **Rückkehr in die Stadt** wurden die Männer bereits sehnsüchtig von ihren Familien erwartet – vor allem von den Kindern. Die Jungen, so wird berichtet, schlugen vor Freude darüber, ihre Väter lebend wiederzusehen, ein Rad und Graf Adolf war davon so gerührt, dass er jedem Jungen „eene Pfennig" gab. Auch heute noch sind in Düsseldorf Kinder anzutreffen, die Rad schlagen und so ihr Taschengeld aufbessern.

› Haltestelle: Heinrich-Heine-Allee, Straßenbahn 703, 706, 712, 713, 715, U-Bahn U70, 74, 75, 76, 77, 78, 79

036df Abb.: hg

3 STADTERHEBUNGS-MONUMENT ★★ [J16]

Die Geschichte, wie aus einem kleinen Fischerdorf die Stadt Düsseldorf wurde, zeigt das Monument des Düsseldorfer Künstlers **Bert Gerresheim**, das sich direkt am Eingang zum mittelalterlichen Stadtkern befindet. Es wurde 1988 zur **700-Jahr-Feier** der Stadt angefertigt und besteht aus mehr als **400 Einzelteilen aus Bronze.**

Von einer **blutigen Schlacht** erzählt der **linke Teil** des Monuments, das sich **wie ein Buch** von links nach rechts liest. Der damals herrschende **Erzbischof von Köln,** Siegfried von Westerburg, wollte seinen Machtbereich vergrößern, doch er hatte nicht mit dem Düsseldorfer Herrscher **Graf Adolf von Berg** gerechnet. Dieser zog gemeinsam mit den Einwohnern der Stadt gegen den Erzbischof in den Kampf. In **Worringen,** im Norden Kölns gelegen, trafen die beiden Gegner aufeinander. Graf Adolf von Berg und die Düsseldorfer nahmen den Erzbischof gefangen und gingen siegreich aus der Schlacht hervor. Viele Soldaten, vor allem auf Seiten des Erzbischofs, fanden den Tod. Entsprechend schauerlich ist auch die Darstellung am Monument: **Totenschädel, Skelette** und **Waffen** der unterschiedlichsten Art.

Als Dank für ihre Unterstützung verlieh Graf Adolf von Berg den Düsseldorfer Bürgern 1288 die **Stadtrechte.** Im **mittleren Teil** des Monuments ist deshalb die Urkunde zu sehen, in der Graf Adolf von Berg und seine Gattin, Elisabeth von Geldern, die Stadtrechte beglaubigen. Sie umfassten das Markt- und das Zollrecht sowie eine neue Gerichtsbarkeit. Besonders wichtig für die Entwicklung Düsseldorfs war aber das **Marktrecht:** Zweimal im Jahr durfte die Stadt Markt abhalten. So kam der Handel in Schwung und Düsseldorf begann zu wachsen. Typische Produkte, wie es sie auf einem Düsseldorfer Markt gibt, sind deshalb auf der **rechten Seite** dargestellt: Muscheln und Fisch aus dem Rhein, Gemüse, Altbier und der bekannte Kräuterlikör Killepitsch.

Der **letzte Teil** des Monuments verweist auf die Bedeutung der **St. Lambertuskirche** 4. Sie ist die **älteste Kirche** Düsseldorfs und wurde am ehemaligen Standort einer Marienkapelle mitten in der mittelalterlichen Stadt errichtet.

› Haltestelle: Heinrich-Heine-Allee, Straßenbahn 703, 706, 712, 713, 715, U-Bahn U70, 74, 75, 76, 77, 78, 79

◄ *Die Radschläger haben in Düsseldorf eine lange Tradition*

4 ST. LAMBERTUSKIRCHE ★★★ [J15]

Die St. Lambertuskirche ist die älteste Kirche von Düsseldorf und befindet sich im mittelalterlichen Kern der Stadt. Das katholische Gotteshaus wurde am ehemaligen Standort einer kleinen Marienkapelle erbaut und 1974 durch Papst Paul VI. zur Basilika erhoben.

1394 erhielt die St. Lambertuskirche ihre heutige Gestalt. Sie ist eine Stiftskirche und wurde nach dem heiligen Lambertus benannt, der 705 in Lüttich wegen seines Glaubens ermordet wurde. Das Erscheinungsbild des Gotteshauses ist typisch für die **niederrheinische Backsteingotik.** Die

KURZ & KNAPP

Der schiefe Turm von Düsseldorf

Nicht nur Pisa hat einen schiefen Turm, sondern auch Düsseldorf. Nachdem ein **Blitz** in den Turm der St. Lambertuskirche 4 eingeschlagen war, musste das Dach neu gebaut werden. Da man dafür **frisches Holz** verwendete, das noch arbeitete, verzog sich der Turm und wurde schief.

Fassade ist im Großen und Ganzen im ursprünglichen Zustand erhalten geblieben, die Innenausstattung hat sich jedoch im Laufe der Jahrhunderte stark verändert und birgt eine Fülle von bedeutenden **Kunstwerken aus sieben Jahrhunderten.**

Die dreischiffige Halle beherbergt das **Grabmal Wilhelms des Reichen** aus dem Jahre 1599. An den Seiten der Kirche befinden sich die **Zunftaltäre** der Schneider, Bäcker, Brauer, Polsterer und Sattler. Sehenswert sind auch die reichhaltig gefüllte **Schatzkammer** und der **Hochaltar** mit Marienbild. In einem Glasschrein im Pfarraltar sind die **Gebeine des heiligen Apollinaris,** des Schutzpatrons von Düsseldorf, aufgebahrt. Ihm zu Ehren wird seit dem Mittelalter jedes Jahr ein großes Kirchweihfest abgehalten, und zwar immer um seinen Geburtstag, den 23. Juli, herum. Heute ist daraus die größte Kirmes am Rhein (s. S. 16) geworden. Übrigens: Auch das Mineralwasser „Apollinaris" ist nach dem Heiligen benannt.

› Stiftsplatz 7, www.lambertuskirche.de, Tel. 132326, geöffnet: tägl. 8.30–16.30 Uhr

› Haltestelle: Heinrich-Heine-Allee, Straßenbahn 703, 706, 712, 713, 715, U-Bahn U70, 74, 75, 76, 77, 78, 79

5 RATINGER STRASSE ★ [J15]

Die Ratinger Straße bildet den **nördlichen Abschluss der Altstadt.** Nicht weit von der Kunstakademie gelegen, trafen sich hier in den alten holzgetäfelten **Gasthäusern** und **Kneipen** früher die Künstler der Akademie. **Johanna Ey** (s. S. 46) hatte hier außerdem ihre bekannte Bäckerei, in der sich die Künstler des „Jungen Rheinlands" trafen. Heute befinden sich an der Ratinger Straße zum Beispiel die Café-Kneipe Zum goldenen Einhorn (s. S. 38) oder auch die traditionelle Hausbrauerei Im Füchschen (s. S. 28), in der der bekannte Künstler Joseph Beuys, der auch Professor an der Kunstakademie war, gern sein Bier trank und dabei auf die Papiertischdecken kritzelte. Richtung Hofgarten wird die Straße von **zwei Toren** flankiert, die 1811 von Adolf von Vagedes im klassizistischen Stil in Form von Tempeln gebaut wurden. Eines der Tore war bereits vorher ein Stadttor und in preußischer Zeit wurden beide als Zollhäuser genutzt.

In der Ratinger Straße befindet sich auch die **Kreuzherrenkirche,** die im 15. Jh. als spätgotische Hallenkirche entstand. Infolge der Säkularisation wurde sie zwischenzeitlich als Tabaklager der französischen Zollbehörde oder auch als Pferdestall der russischen Kavallerie genutzt. Heute ist das Gotteshaus die Schulkirche des St.-Ursula-Gymnasiums.

› Haltestelle: Heinrich-Heine-Allee, Straßenbahn 703, 706, 712, 713, 715, U-Bahn U70, 74, 75, 76, 77, 78, 79

► *Das Fundament des Lieferhauses stammt noch von 1288*

037df Abb.: hg

6 LIEFERHAUS ★ [J15]

Auf dem Lieferplatz im mittelalterlichen Kern von Düsseldorf steht das **Lieferhaus** mit seinem **Stufengiebel**. Oben an der Fassade prangt als Jahreszahl **1288**, das Jahr, in dem Düsseldorf die Stadtrechte erhielt. Das Haus gilt somit als **ältestes Gebäude Düsseldorfs**, denn das Fundament stammt noch aus dieser Zeit.

Das Lieferhaus war ursprünglich eine Art **mittelalterliches Finanzamt**, denn früher wurden Steuern nicht in Form von Geld bezahlt, sondern der „Zehnt" als Abgabe abgeliefert. Ein Zehnt bedeutete: Wenn ein Bauer 10 Ballen Getreide erntete, musste er davon ein Zehntel, den sogenannten Zehnt, abgeben und diese Naturalien wurden im Lieferhaus gelagert. Heute befindet sich hier eine Kneipe.

› Haltestelle: Heinrich-Heine-Allee, Straßenbahn 703, 706, 712, 713, 715, U-Bahn U70, 74, 75, 76, 77, 78, 79

7 K20 – KUNSTSAMMLUNG NORDRHEIN-WESTFALEN ★★★ [J15]

Die Kunstsammlung Nordrhein-Westfalen wird K20 genannt und ist eines der wichtigsten Museen für Kunst des 20. Jahrhunderts. Der Schwerpunkt liegt auf der Malerei der westeuropäischen und amerikanischen Moderne. Eine Dependance (K21 15), die sich vor allem der Kunst des 21. Jh. widmet, befindet sich im Ständehaus.

Die Sammlung wurde 1986 mit 88 Werken von Paul Klee eröffnet, der 1930 bis 1933 Professor an der nahe gelegenen Kunstakademie war. Das Museum beherbergt Werke renommierter Künstler wie Matisse, Picasso, Mondrian, Kandinsky und Pollock sowie von Düsseldorfer Künstlern wie Beuys und Immendorff. Es finden auch Wechselausstellungen statt.

Das Gebäude, das an einen **überdimensionalen Klavierflügel** erinnert, wurde 2010 erweitert und renoviert. Der Ursprungsbau wie auch der Umbau wurde vom Kopenhagener Büro Dissing & Weitling geplant. Das Café im zweiten Stock wurde vom Atelier des Künstlers Joav van Lieshout (geb. 1963) gestaltet.

KLEINE PAUSE

Kurze Pause im Op de Eck

Direkt am K20 7 befindet sich das Op de Eck (s. S. 32), ein Café und Restaurant, das für seine ausgezeichnete Küche bekannt ist. Wer nach der Tour durchs Museum Energie auftanken möchte, ist hier genau richtig. Durch die breite Fensterfront kann man nicht nur draußen auf der Terrasse, sondern auch drinnen sehr angenehm sitzen und dabei das Leben in der Altstadt beobachten.

- Grabbeplatz 5, www.kunstsammlung.de, Tel. 8381204, geöffnet: Di.–Fr. 10–18 Uhr, Sa. 11–22 Uhr, So./feiertags 11–18 Uhr, Eintritt (variiert je nach Ausstellung): 8–12 €, ermäßigt 4–6 €, bis 18 Jahre 0,50–1 €, jeden ersten Mittwoch im Monat ab 18 Uhr kostenloser Eintritt
- Haltestelle: Heinrich-Heine-Allee, Straßenbahn 703, 706, 712, 713, 715, U-Bahn U70, 74, 75, 76, 77, 78, 79. K20 und K21 sind durch einen kostenlosen Shuttlebus miteinander verbunden. Er fährt alle 15 Minuten vor dem jeweiligen Museum ab.

8 ST. ANDREAS-KIRCHE ★★★ [J16]

Die wohl prächtigste Düsseldorfer Kirche ist in einem für diese Region ganz untypischen Stil gebaut: in süddeutschem Barock. Unter Herzog Wolfgang Wilhelm wurde sie 1622 bis 1629 errichtet und war Hof- und Grabeskirche der Herzöge von Pfalz-Neuburg.

038df Abb.: hg

Die St. Andreaskirche ist eine **Kopie der Hofkirche in Neuburg** an der Donau, die ebenfalls in süddeutschem Barock gehalten ist. Während des Dreißigjährigen Krieges wurde der kostspielige Bau in nur sieben Jahren errichtet und war zunächst in der Hand der Jesuiten, die unter dem Großvater Jan Wellems, Wolfgang Wilhelm, nach Düsseldorf gekommen waren.

Das Jesuitenkolleg wurde in der zweiten Hälfte des 17. Jh. errichtet und 1708 wurde die Andreaskirche offiziell zur Hofkirche. Angegliedert war eine Kapelle, in der sich heute das Weinhaus Tante Anna (s. S. 29) befindet. 1773 wurde der Jesuitenorden aufgelöst und die Kirche zur Pfarrkirche erhoben. Schließlich übernahmen die Dominikaner die Seelsorge. Das Gotteshaus befindet sich heute im Besitz des Landes Nordrhein-Westfalen.

Im Inneren sind die Wände und Decken mit prachtvollen **Stuckarbeiten** geschmückt. Die Decke der hellen, dreischiffigen Emporenhalle mit ihrem Kreuzrippengewölbe ist besonders schön. Das **Deckengewölbe** des **Hauptschiffs** zeigt Engel, Propheten und Evangelisten, das der **Seitenschiffe** Heilige wie z. B. den heiligen Franziskus.

An den Seitenwänden des Langhauses sind **zwölf lebensgroße Apostelfiguren** zu sehen. Der **Hochaltar aus Marmor** (1960) im Chorraum stammt von Ewald Mataré, der Professor an der Kunstakademie war.

◀ *Die St. Andreaskirche wurde im Stil des süddeutschen Barock gebaut*

An den Chor der dreischiffigen Kirche ist ein **Mausoleum** angeschlossen. Hier befinden sich die sterblichen Überreste von sieben Mitgliedern des herzoglichen Hauses Pfalz-Neuburg, darunter auch Kurfürst Johann Wilhelm II. (Jan Wellem), der 1716 gestorben ist.

› Andreasstraße 27, Tel. 136340, www.dominikaner-duesseldorf.de, geöffnet: Mo.-Sa. 7.30-18.30 Uhr, So. 8.30-19 Uhr
› Haltestelle: Heinrich-Heine-Allee, Straßenbahn 703, 706, 712, 713, 715, U-Bahn U70, 74, 75, 76, 77, 78, 79

9 NEANDERKIRCHE ★★ [J16]

Die Neanderkirche wurde 1683 gebaut und sie war die **erste protestantische Kirche** (der reformierten Gemeinde) in Düsseldorf. Benannt wurde sie nach **Joachim Neander**, der Rektor der Lateinschule und Komponist religiöser Kirchenlieder war.

Da der damals vorherrschende Glaube der katholische war, durfte das Gotteshaus nur als **„versteckte" Kirche** gebaut werden. Zwar war Kurfürst Johann Wilhelm II. so tolerant, dass er den Protestanten erlaubte, eine Kirche zu bauen, allerdings durfte sie nicht direkt an der Straße gebaut werden, sondern musste in zweiter Reihe stehen. So wurde sie „versteckt" hinter großen Gebäuden errichtet und erhielt nur schmale Eingänge.

Während des Zweiten Weltkriegs wurde das zur Bolkerstraße hin vor der Kirche stehende Gebäude zerstört, sodass die Neanderkirche hier jetzt offen zugänglich ist. Kommt man jedoch von der Andreasstraße, so ist der Eingang **leicht zu übersehen**. Ein unscheinbares schmiedeeisernes Tor

KLEINE PAUSE

Biergarten der Neanderkirche

Wohl einmalig: eine Kirche mit Biergarten. Im vorderen Teil des Kirchhofs der Neanderkirche gibt es – im Sommer bei schönem Wetter – einen Biergarten. Während draußen vor dem Tor in der Bolkerstraße reges Treiben herrscht, ist es hier ruhig und gemütlich. Der Biergarten gehört zur gegenüber gelegenen Hausbrauerei Zum Schlüssel (s. S. 29).

039df Abb.: hg

▲ *Im Biergarten vor der Neanderkirche lässt es sich gemütlich sitzen*

KURZ & KNAPP

Die Neanderkirche und das Neandertal

Nicht nur die **Neanderkirche** wurde nach dem Rektor der Lateinschule und Komponisten von Kirchenliedern, **Joachim Neander,** benannt, sondern auch das Tal außerhalb von Düsseldorf, in dem er besonders gern spazieren ging. Im 19. Jahrhundert fand man im **Neandertal** bei Ausgrabungen außerdem ein prähistorisches Skelett, das heute als **„Neandertaler"** bekannt ist.

führt durch eine überdachte Passage und dann auf den Kirchplatz. Das **Innere der Kirche** ist, obwohl das Gotteshaus im Barock errichtet wurde, schlicht und einfach gehalten und weist weder Stuck noch Ornamente auf. Erwähnenswert ist die große Orgel, die 1965 gebaut wurde. In den Sommermonaten (Mitte Juni bis Sept.) finden in der Neanderkirche jeden Mittwoch um 18.30 Uhr **kostenlose Konzerte** statt.

› Bolkerstraße 36, Tel. 5662960, www.neanderkirche.de, geöffnet: tägl. 10–18 Uhr, Sa./So. nur durch den Hintereingang
› Haltestelle: Heinrich-Heine-Allee, Straßenbahn 703, 706, 712, 713, 715, U-Bahn U70, 74, 75, 76, 77, 78, 79

10 HEINRICH-HEINE-GEBURTSHAUS ★★ [J16]

Harry Heine, der sich später auf den Namen Heinrich taufen ließ, wurde am 13. Dezember 1797 in dem Haus an der **Bolkerstraße** mitten im Herzen der Düsseldorfer Altstadt geboren. Hier verbrachte er auch seine **Kindheit,** an die er sich Zeit seines Lebens gern erinnerte und die er in seinem Buch „Ideen. Das Buch Le Grand" und seinen „Memoiren" beschreibt.

Harry war das älteste von vier Kindern des Tuchhändlers Samson Heine und damit **jüdischer Abstammung.** Er besuchte zunächst die israelitische Privatschule, 1804 wurde aber auch jüdischen Kindern der Besuch christlicher Schulen erlaubt und er wechselte auf die städtische Grundschule und 1807 in die Vorbereitungsklasse des Düsseldorfer Lyzeums, des heutigen Görres-Gymnasiums.

Heine wurde nach der französischen Revolution und damit in einer Zeit großer Veränderungen geboren. Schon als Jugendlicher begeisterte er sich für Napoleon und die **französischen Ideale** „Freiheit", „Gleichheit" und „Brüderlichkeit". Vor allem für die Gleichheit aller Menschen setzte er sich zeitlebens ein. Er ging ohne Zeugnis von der Schule ab und sollte sich auf der Handelsschule auf einen kaufmännischen Beruf vorbereiten, woran er jedoch wenig Interesse hatte. Mit 19 kehrte er Düsseldorf den Rücken, studierte **Jura** und begann zu **schreiben.**

Nach Ausbruch der Julirevolution im Jahr 1830 wählte Heine freiwillig den Weg ins Exil nach Paris. Dort gelangte er zu hohem Ansehen, in Deutschland wurden seine Schriften dagegen verboten. Dennoch blieb er Düsseldorf und den „freundlichen und liebenswürdigen" Leuten im Rheinland sehr verbunden.

Ein unheilbares **Rückenmarksleiden** fesselte Heine ab 1848 schließlich ans Bett. Er starb am 17. Februar 1856 in Paris und ist auf dem Friedhof von Montmartre beerdigt. Sein Geburtshaus wurde 1991 mithilfe der Heinrich-Heine-Gesellschaft erworben und zu einem **Literaturtreff**

SCHNEIDER WIBBEL

An der Ecke Bolkerstraße und Schneider-Wibbel-Gasse [J16] befindet sich über dem Café Madrid eine Plakette. Sie zeigt einen Mann und eine Frau, die durch ein Fenster auf einen Menschenzug unten in der Straße blicken. Dazu der Satz: „Wat bin ich doch für eine schöne Leich“.

Es handelt sich um die ***Szene eines Theaterstücks*** *von Hans Müller-Schlösser: Die* ***Titelfigur,*** *Schneider Wibbel, lebt zur Zeit der französischen Besatzung in Düsseldorf. Wibbel ist ein angesehener* ***Schneidermeister*** *und soll wie alle Honoratioren der Stadt Napoleon - der 1811 tatsächlich für ein paar Tage nach Düsseldorf kam - begrüßen, was er auch (mehr oder weniger widerwillig) tut. Danach geht er in die nächste Kneipe, taumelt betrunken nach Hause und schimpft dabei lauthals auf Napoleon. Wegen* ***Majestätsbeleidigung*** *wird er zu vier Wochen Gefängnis verurteilt, kann aber seinen Gesellen überreden, die Strafe an seiner Stelle anzutreten. Leider stirbt der Geselle im Gefängnis und Schneider Wibbel kann nun zusammen mit seiner Frau durchs Fenster* ***„seinen eigenen“ Leichenzug*** *sehen. Offiziell ist er nun tot und er kommt nur aus dem Schlamassel heraus, weil er sich für seinen Zwillingsbruder ausgibt, die Schneiderwerkstatt übernimmt und seine Frau ein zweites Mal heiratet. Und wenn sie nicht gestorben sind, so leben sie noch heute. Das Theaterstück wurde 1913 uraufgeführt und wird bis heute gespielt.*

Unterhalb der Plakette sind noch drei Köpfe zu sehen: die beiden Hauptdarsteller, die in der Uraufführung aufgetreten sind, und der Dichter Hans Müller-Schlösser selbst.

Die Stadt hat der Theaterfigur die ***Schneider-Wibbel-Gasse*** *gewidmet. Hier befindet sich außerdem eine* ***Spieluhr*** *(Schneider-Wibbel-Gasse 5), bei der fünfmal am Tag (11, 13, 15, 18 und 21 Uhr) eine Schneider-Wibbel-Figur erscheint und näht. In einer Nische (vor dem Restaurant Il Mediterraneo) steht zudem eine* ***Statue*** *des Schneiders, die an manchen Stellen schon recht abgegriffen ist, denn es heißt im Volksmund: Streichel den Wibbel ein kleines Stück und es bringt dir Glück.*

› *Haltestelle: Heinrich-Heine-Allee, Straßenbahn 703, 706, 712, 713, 715, U-Bahn U70, 74, 75, 76, 77, 78, 79*

umgestaltet. Seit 2006 befindet sich im neu renovierten Haus eine **Buchhandlung.** An der Hausfassade ist eine Plakette befestigt, die an Heinrich Heine erinnert. Auch sonst trifft man an vielen Stellen in Düsseldorf auf den berühmten Sohn der Stadt. Gegenüber der Buchhandlung befindet sich z. B. die Hausbrauerei **Im Goldenen Kessel** (s. S. 28), wo eine Büste von Heine steht, und die Düsseldorfer **Universität** ist seit 1981 nach ihm benannt. Das **Heinrich-Heine-Institut** (s. S. 49) beschäftigt sich mit Leben und Werk des Dichters und das **Heinrich-Heine-Monument** (s. S. 55) am Schwanenmarkt ist der Totenmaske Heines nachempfunden.

› Bolkerstraße 53, Haltestelle: Heinrich-Heine-Allee, Straßenbahn 703, 706, 712, 713, 715, U-Bahn U70, 74, 75, 76, 77, 78, 79

040df Abb.: hg

KURZ & KNAPP

Die Legende vom Gießerjungen

An der Ecke Marktplatz und Zollstraße trifft der Besucher auf die **Skulptur des Gießerjungen.**

Der Sage nach soll der **Lehrling des Bildhauers Gabriel de Grupello** bei der Anfertigung des Reiterstandbildes von Jan Wellem bemerkt haben, dass nicht genügend flüssiges Metall zur Verfügung stand, um das Werk zu vollenden. Er ging daraufhin herum und bat die umstehenden Neugierigen um **Gold- und Silberschmuck.**

Die Bürger eilten daraufhin nach Hause und brachten selbst ihre Silberlöffel, um sie für das Denkmal einschmelzen zu lassen. Der **Guss** wurde perfekt und dem Gießerjungen wurde daraufhin ebenfalls ein Denkmal gesetzt.

11 RATHAUS UND JAN-WELLEM-DENKMAL ★★★ [J16]

Unter dem Kurfürsten Johann Wilhelm II. (genannt Jan Wellem) erlebte Düsseldorf im 17. Jh. seine kulturelle Blütezeit. Sein Denkmal findet sich genauso auf dem Marktplatz wie das Rathaus, dessen Balkon besonders für den Karneval eine wichtige Funktion hat.

Unter **Johann Wilhelm II.** war Düsseldorf eine Residenzstadt mit ca. 8000 Einwohnern. Jan Wellem, wie er von den Düsseldorfern genannt wurde, trieb den **Stadtausbau** voran, ließ **Straßen pflastern** und **Festungen** bauen. Seine Liebe galt jedoch der **Kunst** und so entstand unter ihm die größte **Gemäldesammlung** der damaligen Zeit. In zweiter Ehe war er mit Anna Maria Luisa de Medici verheiratet. Mit ihr zusammen gab er rauschende Feste und zog viele Künstler, Maler und Musiker nach Düsseldorf.

Jan Wellem war **Kurfürst** und damit **Stellvertreter des Kaisers** und wie wichtig er war, zeigt auch sein **Denkmal**, das mitten auf dem **Marktplatz** steht. Das Reiterstandbild ist beeindruckend: ein ruhig schreitendes Pferd, ein gerüsteter Fürst mit Allongeperücke, Kurhut und Marschallstab in der rechten Hand – ein würdevoller

◀ *Die Fassade des alten Rathauses wurde im 18. Jh. im Stil des Rokoko umgestaltet* und stolzer Herrscher des Absolutismus. Geschaffen hat es der Künstler **Gabriel de Grupello** – noch zu Lebzeiten Jan Wellems. Das Standbild wurde vor Ort in einem Gießhaus gegossen, das 1699 neu gebaut worden war und sich gleich gegenüber befand. 1711 wurde das Denkmal schließlich aufgestellt und gilt heute als eines der bedeutendsten barocken Reiterstandbilder nördlich der Alpen.

Der **Sockel** sollte laut Grupellos Plan hoch und von Allegorien verziert sein, doch dies wurde nicht realisiert. Stattdessen entstand ein niedriger, einfacher Sockel. 1830 wurde dieser dann aber durch den heute noch zu sehenden Sockel ersetzt. Das Denkmal ist durch ein Lanzengitter geschützt.

Der ältere Teil des **Rathauses,** das sich ebenfalls auf dem Marktplatz befindet, wurde 1570 bis 1573 nach den Plänen des Architekten Heinrich Tussmann erbaut und im 18. Jh. von Johann Joseph Couven umgestaltet. An dieses Datum erinnert die über dem Eingangsportal eingemeißelte Jahreszahl 1749.

Der **braunrote Backsteinbau** wird von seinen beiden **Giebeln** und dem kleinen **Turm** geprägt. In diesem befand sich ursprünglich der Eingang, doch Kurfürst Carl Theodor ließ die Fassade 1749 entsprechend der damaligen Zeit im **Stil des Rokoko** umgestalten. Dabei wurden die Geschosse des Gebäudes durch Gesimse getrennt und neben dem Turm eine Tür mit einem darübergelegenen Balkon geschaffen.

In der Nische des Turms befindet sich eine **Statue der Justitia** und oberhalb der Tür sind außerdem die **Wappen** der Pfälzer, denen auch Carl Theodor angehörte, und der von Bergs (Graf Adolf von Berg hatte Düsseldorf 1288 die Stadtrechte verliehen) zu sehen.

Während des Zweiten Weltkrieges wurde das Gebäude zerstört und

KARNEVAL IN DÜSSELDORF

*Der **Hoppeditz** ist die Düsseldorfer Narrenfigur. Der Hoppeditz „erwacht“ am 11.11. um 11.11 Uhr, denn dann beginnt die Karnevalzeit - die 5. Saison. Er hält auf dem Reiterstandbild Jan Wellems stehend auch die Eröffnungsrede und zieht die Düsseldorfer dabei ordentlich durch den Kakao. Der Bürgermeister der Stadt befindet sich dabei auf dem **Balkon des Rathauses** und hört sich die Rede an.*

*Während des Karnevals (im Februar oder März) herrscht in der Stadt närrisches Treiben, das an Weiberfastnacht, einem Donnerstag, so richtig beginnt. Über das folgende Wochenende finden überall Veranstaltungen statt und am **Rosenmontag** gibt es die berühmten Umzüge. Am Karnevalsdienstag wird noch einmal so richtig gefeiert und am **Aschermittwoch** ist dann sprichwörtlich alles vorbei. Unter Jammern und Wehklagen wird der Hoppeditz im Garten des Düsseldorfer Stadtmuseums (s. S. 53) begraben.*

Hinter dem Haus des Karnevals (s. S. 49) in der Zollstraße befindet sich eine Figur des Hoppeditz. Sie wurde vom Düsseldorfer Künstler Bert Gerresheim geschaffen.

1958 bis 1961 wieder aufgebaut. Die **Fassade** wurde originalgetreu restauriert. Besonders wichtig ist aber der **Balkon:** Dort wird am 11.11. um 11 Uhr 11 der **Karneval** eröffnet.

An das alte Rathaus schließt in L-Form der **neue Teil** an. Ein Stück weiter links ist außerdem das Haus zu sehen, in dem der Künstler **Gabriel de Grupello** wohnte, der das Reiterstandbild Jan Wellems geschaffen hat. Das Haus war ein Geschenk des Kurfürsten an den Künstler. 1762 wurde hier eine private Zeichenschule eingerichtet, aus der später die Kunstakademie hervorging.

› Haltestelle: Heinrich-Heine-Allee, Straßenbahn 703, 706, 712, 713, 715, U-Bahn U70, 74, 75, 76, 77, 78, 79
› Marktplatz 2, Tel. 8993982. Jeden Mittwoch findet um 15 Uhr eine Führung durch das Rathaus statt, Infos: www.duesseldorf.de/presse/amt/ratf.shtml.

SÜDLICH DER ALTSTADT

12 CARLSPLATZ ★ [J17]

Schon seit 1804 findet auf dem Carlsplatz ein Markt statt und er ist heute der einzige **Wochenmarkt** in Nordrhein-Westfalen, der an **sechs Tagen in der Woche geöffnet** hat. Stände mit Lebensmitteln aus der ganzen Welt und Buden, an denen man rheinische Spezialitäten kosten kann, reihen sich aneinander. Hier gibt es nichts, was es nicht gibt.

1288 erhielt Düsseldorf das Marktrecht und 1482 wurde der Markt am Carlsplatz zunächst als sechstägiger Jahrmarkt bewilligt, d. h. als mehrtägiger Markt, der einmal im Jahr stattfand. 1546 gab es eine neue Marktordnung, nach der freie Wochenmärkte abgehalten wurden – jeweils am Dienstag. Dies galt für alle Märkte der Stadt und Märkte, die sich an

041df Abb.: hg

verschiedenen Standorten in der Stadt befanden, traten dadurch quasi in Konkurrenz zueinander. 1808 wurde der Carlsplatz dann auch endgültig als Ort für die viermal im Jahr stattfindenden einwöchigen Jahrmärkte bestimmt. Seit 1910 hatte sich der Carlsplatz zudem fest als Ort für den Wochenmarkt etabliert. Der Platz selbst war unter Kurfürst Carl Theodor im Jahr 1787 angelegt worden, der die Residenzstadt erweitern wollte. Südlich des Platzes befindet sich die **Carlstadt**, die ebenfalls nach dem Kurfürsten benannt ist. Der Carlsplatz galt damals als einer der schönsten Plätze in Düsseldorf. Im Zweiten Weltkrieg wurde er jedoch zerstört und nach dem Wiederaufbau ist von seiner ursprünglichen Schönheit nicht mehr viel übrig. Heute sind es nicht die umstehenden Gebäude, die den Carlsplatz unvergleichlich machen, sondern der Markt, der hier abgehalten wird. Bereits 1998 erhielt er eine **Glasüberdachung**, 2002 kamen **Glaspavillons** dazu. Hier kaufen die Düsseldorfer ein, um der Lust am Kochen und Essen zu frönen. Es gibt Stände mit italienischer Feinkost, Käse und Gemüse aus Frankreich, persischen Falafel und indischer Kost, Obst und Gemüse, Eier, Fleisch, Fisch, Geflügel und Backwaren, aber auch Patisserie aus Belgien und Frankreich sowie einen Kartoffel-Stand, der wirklich nur Kartoffeln anbietet. Hier gibt es alles, was das Feinschmeckerherz begehrt, doch Qualität hat natürlich ihren Preis. Wer keine Lust zum Kochen hat, der kann auch an den Imbissbuden rheinische Spezialitäten wie z. B. Reibekuchen verkosten.

◀ *Auf dem Carlsplatz gibt es Lebensmittel aus aller Welt*

EXTRATIPP

Wochenmarkt-Tipps

- **Kaffeereich** (s. S. 23): Hier gibt es eine große Auswahl an Kaffeesorten. Jeden Tag wird frisch geröstet und der Duft nach frisch gerösteten Bohnen weht durch die kleine Bude.
- **Törtchen, Törtchen** (Stand A14): Französische Patisserie, Pralinen, Eis
- **Borra's Reibekuchen** (Stand D01): Rheinische Reibekuchen, Pommes, Currywurst
- **Düsseldorfer Gulaschkanone J. Dauser** (Stand VK2): Suppen, Eintöpfe
- **Saftladen Eva Adamidou** (Stand E2): frisch gepresste Säfte, Obstbecher, Trockenobst, Nüsse
- **Kräuterhexe** (Stand C02): ABB-Senf, Kräuter, Gewürze

- Markt am Carlsplatz, geöffnet: Mo.–Sa. 8–18 Uhr, www.carlsplatz.net und www.carlsplatz.de
- Haltestelle: Heinrich-Heine-Allee, Straßenbahn 703, 706, 712, 713, 715, U-Bahn U70, 74, 75, 76, 77, 78, 79

13 ST. MAXIMILIANKIRCHE ★★ [I17]

St. Maximilian wurde als **Klosterkirche der Franziskaner** gebaut und war dem heiligen Antonius von Padua geweiht. 1650 schenkte Herzog Wolfgang Wilhelm den Franziskanern das Gelände im Süden der Stadt. Darauf wurden ein Kloster und eine Kirche errichtet, die 1659 eingeweiht wurde.

Die Gottesdienste waren oft musikalisch gestaltet und auch die ersten Kirchenmusikkonzerte fanden dort statt, bald war das Gebäude jedoch zu klein. Eine neue größere Kirche wurde errichtet und so entstand 1737 der heutige barocke Bau, der dem heiligen Antonius von Padua geweiht wurde.

Anfang des 19. Jh. sollten im Zuge der **Säkularisation** Kirche und Kloster abgerissen werden, doch die Düsseldorfer setzten sich für ihre Kirche ein. Der Orden der Franziskaner wurde aufgelöst, die Kirche jedoch blieb erhalten und erhielt den Namen St. Maximilian.

1818 wurde der **Städtische Musikverein zu Düsseldorf** gegründet, der für die Kirchenmusik in der Maxkirche beim Hochamt, bei Vespern und außerliturgischen Feiern verantwortlich zeichnete. So kam es, dass der jeweilige Leiter des Musikvereins gleichzeitig auch die Kirchenmusik in der Maxkirche leitete, auch wenn er selbst protestantischen Glaubens war. So berühmte Musiker wie Felix Mendelssohn Bartholdy und später Robert Schumann haben hier im 19. Jh. gewirkt.

› Citadellstraße 2a, Tel. 131660, www.maxkirche.de, geöffnet: tägl. 8–19 Uhr
› Haltestelle: Heinrich-Heine-Allee, Straßenbahn 703, 706, 712, 713, 715, U-Bahn U70, 74, 75, 76, 77, 78, 79

14 PALAIS WITTGENSTEIN ★ [J17]

In der zweiten Hälfte des 18. Jahrhunderts wurde die Carlstadt unter Kurfürst Carl Theodor weiter ausgebaut. Der Weinhändler **Heinrich Huyssen** baute sich 1790 dieses wunderschöne Palais. Knapp hundert Jahre später ging es in den Besitz von **Prinz Alexander zu Sayn-Wittgenstein** über und seit 1976 befindet sich hier das **Kulturzentrum der Stadt Düsseldorf.**

Im vorderen Teil des Gebäudes ist das **Französische Kulturinstitut** ansässig. Hier gibt es für Fans klassischer Konzerte ca. 15-mal im Jahr die beliebte Konzertreihe „Sonntags um 11“ (Infos: Tel. 8996109). Im Gebäude im Hinterhof befindet sich außerdem das **Marionettentheater** (s. S. 43).

› Bilker Staße 7–9, Haltestelle: Benrather Straße, Straßenbahn 706, 712, 713, 715

15 K21 – KUNSTSAMMLUNG NORDRHEIN-WESTFALEN ★★★ [J19]

Das K21 ist die Dependance des K20 7 und wird, wie der Name schon vermuten lässt, als Museum für Kunst des 21. Jh. genutzt. Das Gebäude ist von einem Park mit zwei Teichen, dem Schwanenspiegel und dem Kaiserteich, umgeben.

Die **Parkanlage** wurde 1842 angelegt. Bei der Schleifung der Festungsanlage und der Gestaltung der Königsallee wurde dieser Bereich 1804 **überflutet.** Pläne für seine Neugestaltung hatte Maximilian Weyhe bereits 1819 vorgelegt, doch die Umsetzung ließ noch auf sich warten, denn das Gelände musste erst entsumpft werden – unter dem Gelände fließt die Düssel. Im **Zweiten Weltkrieg** wurde die gesamte Parkanlage zerstört, danach aber wieder instand gesetzt und im Rahmen der **Euroga 2002plus** nach den Plänen Weyhes gestaltet. Der Garten ist heute so angelegt, dass die **zwei Halbinseln** fast in der Mitte des Teichs aufeinandertreffen.

1865 erwarb die Stadt das Gelände am Südufer des Kaiserteiches und **erweiterte die Parkanlage,** wo 1880 nach Plänen des Architekten Julius Raschdorff der **Neorenaissancebau** des heutigen K21 entstand, der 10 Jahre später zum **Sitz des Parlaments** wurde und es bis 1988 blieb.

Das **Ständehaus** wird von einer **Glaskuppel** gekrönt, die im Kontrast zum alten historischen Gebäude steht. Außer dem Museum findet sich hier auch eine **Café-Bar** (s. S. 58). Bei schönem Wetter kann man draußen im Park sitzen und sonntags lässt es sich hier gut frühstücken.

- K21, Ständehausstraße 1, Tel. 8381204, www.kunstsammlung.de, geöffnet: Di.–Fr. 10–18 Uhr, Sa. 11–22 Uhr, So./feiertags 11–18 Uhr, Eintritt (variiert je nach Ausstellung): 8–12 €, ermäßigt 4–6 €, bis 18 Jahre 0,50–1 €), Jeden ersten Mittwoch im Monat gibt es um 18 Uhr kostenlosen Eintritt.
- Haltestelle: Graf-Adolf-Platz, Straßenbahn 703, 704, 709, 712. K20 und K21 sind durch einen kostenlosen Shuttlebus miteinander verbunden. Er fährt alle 15 Minuten vor dem jeweiligen Museum ab.

▲ *Im Gebäude des heutigen K21 war früher das Parlament untergebracht*

⑯ RHEINUFER-PROMENADE ★★ [I16]

Die **ursprüngliche Rheinuferpromenade** entstand um 1900 durch eine **Ufervorschiebung**, bei der **zwei Ebenen** gebildet wurden. Vorher standen die Häuser direkt am Rhein, doch durch Hochwasser war es immer wieder zu Schäden gekommen. Auf der unteren Ebene wurden nun die Schiffe abgefertigt und oben wurde eine **repräsentative Promenade** angelegt. Nach dem Zweiten Weltkrieg wurde an Stelle der Promenade jedoch eine **mehrspurige Straße** gebaut, über die täglich mehr als 60.000 Autos donnerten und die die Altstadt vom Rhein trennte – sehr zum Ärger der Bürger. Als Ende der 1980er-Jahre der Hafen neu gestaltet wurde, wurde deshalb auch das Rheinufer neu angelegt.

Mitte der 1990er-Jahre wurde die **neue Rheinuferpromenade** angelegt und der Verkehr wurde unter die

Erde verbannt – in den **Rheinufertunnel.** Die Architekten Niklaus Fritschi, B. Stahl und G. Baum orientierten sich bei der Planung der Promenade an der ursprünglichen Gestaltung von 1900 durch Johannes Radke. Die Pegeluhr und die großen Terrassen blieben erhalten. 1995 wurde die Rheinuferpromenade schließlich eingeweiht und sie ist bis heute ein beliebtes Ausflugsziel der Düsseldorfer. Die Gestaltung gewann 1998 den Deutschen Städtebaupreis. Der obere Weg auf der Rheinuferpromenade ist von **Platanen** gesäumt, der tiefer gelegene Teil, die sogenannte **untere Werft**, wird vor allem für Gastronomie genutzt.

Die Rheinuferpromenade beginnt nördlich der Altstadt an der **Tonhalle** 19 (Tonhallenufer), wo sich der Ehrenhof 20 befindet. In verschiedenen Etappen führt sie an der Altstadt und der Carlstadt vorbei bis in den Medienhafen. Ein guter Einstieg ist der **Burgplatz** 1 mit der Spanischen Treppe, dem Kunstprojekt „Balkon" und der Einmündung der Düssel in den Rhein. Das Schlossufer geht hier in das Rathausufer über. In der Nähe des Burgplatzes legen auch die Schiffe für die Fahrten in den Medienhafen und nach Kaiserswerth 41 ab.

Am Burgplatz befindet sich auch das Gebäude, in dem früher die Kunstgewerbeschule war und das heute die **Akademie Galerie** (s. S. 48) beherbergt, in der Mitglieder der Kunstakademie ausstellen. Ein Stück weiter zweigt die Zollstraße Richtung Marktplatz ab. Gegenüber dieser Abzweigung befindet sich die **Pegeluhr.** An ihren Zifferblättern kann man den Wasserstand des Rheins ablesen. Die arabischen Ziffern zeigen die Meter an, die Teilstriche die Dezimeter.

Der nun folgende **Binnenhafen** wurde in den 1980er-/1990er-Jahren angelegt. Hier befand sich bis 1800 der alte Hafen, woran das mit Wasser gefüllte Becken mit dem darin „vor Anker" liegenden Boot erinnern soll. Die hinter dem Binnenhafen vom Rathausufer abzweigende Schulstraße führt zum **Filmmuseum** (s. S. 48) und zum **Hetjens-Museum für Keramik** (s. S. 50). Vorbei an der Altstadt und

043df Abb.: hg

◀ *Die alte Pegeluhr zeigt den Wasserstand des Rheins an*

KURZ & KNAPP

Große Mannesmann

Die dynamische Plastik aus metallenen Linien des Düsseldorfer Bildhauers Norbert Kricke (1922–84) steht seit 1961 am Mannesmannufer. Kricke studierte in Berlin und zog 1947 nach Düsseldorf, wo er zunächst Professor an der Kunstakademie und später deren Direktor war. Seine abstrakten Plastiken sollen die strenge, rechtwinklige Architektur der Nachkriegsmoderne auflockern. So auch die Skulptur „Große Mannesmann", die er 1959 schuf. Sie steht in Kontrast zur strengen Geometrie des Vodafone-Hochhauses des Architekten Paul Schneider-Esleben.

der Carlstadt (südliche Altstadt) zieht sich der Weg bis zum **Mannesmannufer**, das nach dem Bürohochhaus des Mannesmann-Gebäudes benannt ist. Errichtet wurde es 1911/12 von Peter Behrens für das Unternehmen Mannesmann. Daneben steht das Vodafone-Hochhaus, das von 1956 bis 1958 von Paul Schneider-Esleben gebaut wurde. Davor befindet sich die Skulptur „Große Mannesmann". Auch das unterirdisch gelegene **KIT** (Kunst im Tunnel, s. S. 51) hat ebenfalls am bzw. unter dem Mannesmannufer seinen Platz. Als Ausstellungsfläche nutzt es Tunnelräume, die beim Bau des Rheinufertunnels entstanden und nicht mehr gebraucht wurden.

Am **Johannes-Rau-Platz** [I18] befindet sich die **Villa Horion**, früherer Sitz des nordrhein-westfälischen Ministerpräsidenten und ehemalige Staatskanzlei Nordrhein-Westfalens. Das Gebäude wurde 1910/11 von Hermann vom Endt im neoklassizistischen Stil errichtet. Unter Ministerpräsident Wolfgang Clement zog die Staatskanzlei ins Stadttor.

Am Apollo-Platz befindet sich unterhalb der Rheinkniebrücke das **Apollo Varieté Theater** 33. Die Promenade führt schließlich am Platz des Landtags mit dem kreisförmigen **Landtagsgebäude** 34 vorbei und endet im **Medienhafen.**

EXTRATIPP

Die Rheinmetropole Düsseldorf

Die Düsseldorfer lieben ihren Rhein. Auf den Rheinwiesen kann man ein **Sonnenbad** nehmen und seit es die Rheinuferpromenade gibt, nutzen die Bewohner der Stadt jede Möglichkeit, um sich in einem der zahlreichen **Cafés** niederzulassen oder auch die Promenade mit dem Rad entlangzufahren. Genauso beliebt sind auch **Fahrten auf dem Fluss** Richtung Medienhafen oder Kaiserswerth.

Eine **Radtour nach Kaiserswerth** 41 ist ebenfalls eine beliebte Freizeitaktivität. Unterwegs kann man z. B. im Biergarten der Rheinterrasse (s. S. 28) etwas trinken. Man sitzt auf Bierbänken unter alten Platanen und kann sich an einem nahe gelegenen Imbisswagen Kleinigkeiten zum Essen holen. Im Lokal mit dem Namen Alte Rheinfähre, kurz vor Kaiserswerth, lässt es sich gut rasten.

138 Alte Rheinfähre, Fährerweg 22, Tel. 401134, www.poensgen.net, geöffnet: tägl. 9–24 Uhr, Küche bis 22 Uhr. Das Lokal wurde bereits 1972 eröffnet und ist ein beliebter Treffpunkt. Hier gibt es vor allem deftiges Essen wie Gulaschsuppe oder Kuchen zum Nachmittagskaffee.

NÖRDLICH DER ALTSTADT

17 KUNSTAKADEMIE ★ [J15]

Die Kunstakademie wurde 1773 durch Kurfürst Carl Theodor gegründet. 1819 wurde sie zur **Königlichen Kunstakademie Preußens** und bezog 1879 das heutige Gebäude, einen Neorenaissancebau von Hermann Riffart. Unter den beiden Direktoren **Peter Cornelius** und **Wilhelm von Schadow** kam die Kunstakademie im 19. Jh. zu Weltruf. Bekannt wurde vor allem die Düsseldorfer Malerschule, eine Künstlergruppe, die sich um Wilhelm von Schadow gebildet und sich der nazarenischen, religiös geprägten Malerei verschrieben hatte.

Berühmte Schüler waren u. a. **Wilhelm Busch**, der Erfinder von „Max und Moritz", und **Günther Grass**, der ursprünglich Bildhauerei studierte und später den Nobelpreis für Literatur erhielt. Als Professoren haben vor allem **Paul Klee, Joseph Beuys** und **Jörg Immendorff** die Kunstakademie geprägt. Die Kunstakademie ist nicht zu besichtigen. Nur einmal im Jahr (im Februar) öffnen sich die Türen und die Studenten präsentieren ihre Werke.

› Eiskellerstraße 1, Tel. 13960, www.kunstakademie-duesseldorf.de
› Haltestelle: Tonhalle, U-Bahn U70, 74, 75, 76, 77

18 OBERKASSELER BRÜCKE ★★ [I14]

Die Oberkasseler Brücke verbindet die Altstadt mit Oberkassel im linksrheinischen Teil von Düsseldorf. Die **erste Brücke** an dieser Stelle war bereits 1896 bis 1898 errichtet worden. Im **Zweiten Weltkrieg** wurde sie von der Wehrmacht **gesprengt**, so sollte der Vormarsch der Briten und Amerikaner verzögert werden. 1948 wurde dann eine Behelfsbrücke gebaut, die erst 1976 durch die jetzige Brücke ersetzt wurde.

Die **neue Brücke** wurde 50 Meter entfernt errichtet und die alte Brücke blieb zunächst an Ort und Stelle, um den Verkehrsfluss nicht zu behindern. Erst als die neue Brücke fertig war, wurde die alte abgerissen und die neue Brücke durch **Querverschub** (über Rampen) an ihre Stelle gebracht. Eine große Leistung, denn die

◄ *Peter Cornelius war der erste Direktor der Kunstakademie*

► *Pause im Biergarten an der Rheinterrasse* *(s. S. 28)*

KURZ & KNAPP

Die Düsseldorfer Brückenfamilie

Wer sich für Brücken interessiert, kommt in Düsseldorf voll auf seine Kosten, denn es gibt in der Stadt insgesamt **sieben Brücken,** darunter **fünf Schrägseilbrücken:** die Theodor-Heuss-Brücke (1957) – die erste Schrägseilbrücke weltweit –, die Rheinkniebrücke (1969), die Oberkasseler Brücke (1976) und die Fleher Brücke (1979) sowie die Flughafenbrücke (2002). Die Kardinal-Frings-Brücke (1951) und die Eisenbahnbrücke Hamm (1987) sind dagegen beide keine Schrägseilbrücken.

Brücke hat ein Gewicht von 12.500 Tonnen. Die Zieh-Zeit betrug 12 Stunden und 42 Minuten und es war das erste Mal überhaupt, dass eine Brücke dieser Größenordnung verschoben wurde. Die Düsseldorfer machten daraus ein Volksfest, das sie mit mitgebrachtem Picknick und Fotoapparat genossen.

› Haltestelle: Tonhalle U-Bahn U70, 74, 75, 76, 77

19 TONHALLE ★ [J14]

Die 1926 erbaute Tonhalle war ursprünglich ein **Planetarium** und ist heute die bekannteste **Konzerthalle** Düsseldorfs. An dem Stern auf dem Dach kann man ihren früheren Zweck noch erkennen. Nach dem Zweiten Weltkrieg diente das Gebäude zunächst als Stadthalle und wurde 1978 schließlich zu einem Konzerthaus umgebaut.

Der 2005 renovierte **Saal** hat einen Durchmesser von 50 m und ist die Heimat der **Düsseldorfer Symphoniker.** Nicht nur die Akustik, sondern auch die Optik ist spektakulär, denn Leuchtdioden und ein stimmiges Beleuchtungskonzept machen den Saal wieder zu einem „Planetarium der Musik". Mehr als 450 Konzerte von Klassik über Jazz und Chanson bis Soul und auch andere Veranstaltungen wie Kabarett finden hier jedes Jahr statt.

› Ehrenhof 1, Tel. 8996123, www.tonhalle-duesseldorf.de
› Haltestelle: Tonhalle, U-Bahn U70, 74, 75, 76, 77

20 EHRENHOF ★★★ [J14]

Ursprünglich handelte es sich bei dem Areal des Ehrenhofs um ein Messegelände, das 1902 eröffnet und 1926 um weitere Gebäude ergänzt wurde. Heute beherbergt der Gebäudekomplex mehrere renommierte Museen und Sammlungen.

045df Abb.: hg

1902 wurde zunächst der **Kunstpalast** errichtet und die **Große Industrie-, Gewerbe- und Kunstausstellung** fand statt. Nach dem Ersten Weltkrieg waren dem Rheinland und damit auch Düsseldorf große **Reparationszahlungen** auferlegt worden, unter deren Last die Stadt sehr litt. Der damalige Oberbürgermeister Robert Lehr wollte ein Zeichen setzen und eine Ausstellung schaffen, die Düsseldorf wieder Beachtung verschaffen sollte, die GeSoLei (Ausstellung für Gesundheitspflege, soziale Fürsorge und Leibesübungen). Dafür wurde das Messegelände 1926 um weitere Gebäude ergänzt. Nach Plänen von Wilhelm Kreis wurde der Kunstpalast um ein **Kunstmuseum**, das **Reichsmuseum für Wirtschafts- und Gesellschaftskunde**, ein **Planetarium** (heute die Tonhalle 19) und das damalige Messerestaurant **Rheinterrasse** (s. S. 28), dessen Biergarten im Sommer weiter gastronomisch genutzt wird, erweitert. Zusammen bildeten die Gebäude den Komplex des Ehrenhofs, der das Messegelände für die **GeSoLei** war. Das Angebot der Messe reichte von Informationen über Säuglingspflege, Elektrizität, Wasserversorgung und Abfallbeseitigung bis hin zu modernem Wohnen, Sport und Freizeit. Außerdem sorgte ein **Wellenbad** für Unterhaltung. Etwa 7,5 Mio. Besucher kamen damals zur Ausstellung.

Heute beherbergt das ehemalige Ausstellungsgelände mehrere **Museen** wie das **museum kunst palast** (s. S. 52) oder das **NRW-Forum Kultur und Wirtschaft** (s. S. 52).

› Haltestelle: Tonhalle, U-Bahn U70, 74, 75, 76, 77

► *Das Carsch-Haus mit dem Musikpavillon*

STADTMITTE

21 WILHELM-MARX-HAUS ★ [J16]

Dieses **Backsteingebäude** war mit 56 Metern das **erste Bürohochhaus Deutschlands.** Es wurde 1924 von Wilhelm Kreis errichtet, der 1926 im gleichen Stil auch den Ehrenhof schuf. Nach dem Ersten Weltkrieg und der Besetzung des Rheinlandes durch französische Truppen ging es der Stadt und der Wirtschaft schlecht. Oberbürgermeister Robert Lehr ließ das Wilhelm-Marx-Haus bauen, um zu zeigen, dass sich die Stadt wirtschaftlich wieder im Aufschwung befand. Es wurde Sitz der Börse, bis diese in die Berliner Allee umzog. Benannt ist das Gebäude nach einem früheren Oberbürgermeister.

› Heinrich-Heine-Allee 53, Haltestelle: Heinrich-Heine-Allee, Straßenbahn 703, 706, 712, 713, 715, U-Bahn U70, 74, 75, 76, 77, 78, 79

22 CARSCH-HAUS ★ [J16]

Das Carsch-Haus entstand 1915 nach Plänen von Otto Engler und war zunächst ein **Textilkaufhaus** „für vornehme Herren- und Knabenbekleidung“. Heute ist es vor allem für seine **Feinkostpassage** im Untergeschoss bekannt.

Ursprünglich stand das Gebäude direkt dort, wo jetzt die Haltestelle Heinrich-Heine-Allee ist. Wegen dem U-Bahn-Bau sollte es abgerissen werden, doch dann wurde beschlossen, es **um 23 Meter zu versetzen,** was 1979 schließlich geschah. **4800 Fassadensteine** wurden abgebaut, nummeriert, eingelagert und dann ein paar Meter versetzt wieder aufgebaut. 1984 konnte das Kaufhaus wieder eröffnet werden. Vor dem Haus befindet sich der ebenfalls 1984 errichtete **Musikpavillon.** Er erinnert an einen bereits 1904 entstandenen Musikpavillon, der 1922 dem Neubau des Wilhelm-Marx-Hauses 21 weichen musste. Ein paar Stufen führen hinauf zu dem steinernen Pavillon, dessen Holzdach auf vier verzierten Pfosten ruht.

› Heinrich-Heine-Allee 1, Haltestelle: Heinrich-Heine-Allee, Straßenbahn 703, 706, 712, 713, 715, U-Bahn U70, 74, 75, 76, 77, 78, 79

046df Abb.: hg

23 DEUTSCHE OPER AM RHEIN ★ [K16]

Das Gebäude wurde 1875 ursprünglich als **Theater** errichtet und wird seit 1905 als **Opernhaus** genutzt. 1925 wurde es auch in Opernhaus umbenannt, um sich vom neuen Operettenhaus abzugrenzen.

1943 wurde der **Zuschauerraum** zerstört, jedoch innerhalb weniger Monate wieder aufgebaut, denn der Spielbetrieb sollte nach Weisung der Reichstheaterkammer unbedingt weitergehen. Nach dem Zweiten Weltkrieg diente es 1946 kurzfristig als Versammlungsort für den neu gegründeten **Landtag** von Nordrhein-Westfalen und nach umfangreichen Bauarbeiten wurde es 1956 wieder eröffnet. Die **Deutsche Oper am Rhein** wird in Bühnengemeinschaft mit Duisburg betrieben, d. h. die Opern- und Ballettproduktionen werden sowohl im Düsseldorfer Opernhaus als auch in Duisburg im Theater gezeigt.

2006/2007 wurde das Gebäude saniert und die Bühnentechnik erneuert. Der **Opernsaal** umfasst mehr als 1300 Plätze. Der Keller beherbergt einen **Fundus** mit ca. 50.000 Kostümen und kann bei **Führungen** besichtigt werden.

› Heinrich-Heine-Allee 16a, Haltestelle: Heinrich-Heine-Allee, Straßenbahn 703, 706, 712, 713, 715, U-Bahn U70, 74, 75, 76, 77, 78, 79, Tel. 8925211, www.rheinoper.de, Führungen finden normalerweise einmal im Monat statt (an unterschiedlichen Tagen) und werden auf der Website angekündigt, Eintritt 6 €

24 HOFGARTEN ★★★ [K15]

Der Hofgarten ist die grüne Lunge Düsseldorfs. Er entstand in der zweiten Hälfte des 18. Jh. unter Kurfürst Carl Theodor und war der erste öffentliche Park in Deutschland. Später wurde er zerstört und 1804 von Maximilian Friedrich Weyhe neu angelegt.

Der Hofgarten wurde 1769 von Nicolas de Pigage im französisch-klassizistischen Stil angelegt. Er war nicht nur ein Park für die Adligen, sondern stand **allen Bürgern offen.** Andere Städte wie z. B. München mit dem Englischen Garten orientierten sich an diesem Konzept. 1795 wurde der Park durch französische Soldaten zerstört und 1804 durch **Maximilian Weyhe** im Stil eines **englischen Parks** neu angelegt und erweitert. 1811 war **Napoleon** zu Besuch in Düsseldorf und weil ihm die Stadt so gut gefiel,

047df Abb.: hg

EXTRATIPP

Kostenlose Konzerte im Hofgarten

Von Mai bis September finden im Hofgarten sonntags von 11 bis 12 Uhr regelmäßig **kostenlose Konzerte** statt, z. B. Weltmusik oder Jazz. Treffpunkt ist der Pavillon im Hofgarten. Infos gibt es unter www.duesseldorf-tourismus.de/top-veranstaltungen/hofgartenkonzerte oder Tel. 172020.

erließ er ein Verschönerungsdekret und überließ der Stadt die ehemaligen Festungsanlagen für öffentliche Grünflächen. So wurde der Hofgarten fast bis an den Rhein vergrößert. Eine kleine Erhebung im Hofgarten ist dem französischen Herrscher gewidmet: der Napoleonsberg.

Der **alte Teil** des Hofgartens beginnt vor **Schloss Jägerhof** 26. Die **Jägerhofallee** führt von dort bis zum Teich. Ihr Blätterdach spendet auch bei hohen Temperaturen wunderbar Schatten. 2002 wurden im Rahmen der Euroga 2002plus **16 Lichtbänke** an der Allee aufgestellt. Das Kunstwerk „UV-A UV-B" des Düsseldorfer Künstlers Stefan Sous war nur als zeitweiliges Projekt geplant, doch die Düsseldorfer haben die Bänke so lieb gewonnen, dass sie auch danach erhalten blieben. Nachts tauchen sie die Allee in ein bläulich-weißes Licht.

An der **Düssel** zieht sich eine Lindenallee entlang, die auch „Seufzerallee" genannt wird. Angeblich gehen hier gern Liebespaare spazieren, die den romantischen Weg für Liebesschwüre und -seufzer nutzen. Vorne im Teich steht der **„Gröne Jong"**, eine Statue, die von grüner Patina bedeckt ist. Der „Jong" weicht vor einer Fontäne zurück, die ein Nilpferd in hohem Bogen von sich spuckt. Ein paar Meter weiter befindet sich das **Hofgärtnerhaus**, in dem Maximilian Weyhe wohnte, als er den Hofgarten gestaltete. Heute wird es als **Theatermuseum** 25 genutzt. Das Museum bietet für eine Pause ein kleines Café mit Terrasse.

Die Hofgartenstraße trennt den alten und den neuen Teil des Hofgartens. Durch die **Jägerhofpassage** gelangt man unterirdisch in den neueren Teil. Einen Großteil der dortigen Fläche nimmt die **Landskrone**, ein Teich, ein. In der Sichtachse von Schloss Jägerhof und der Jägerhofallee befinden sich hier die **Goldene Brücke** und daneben das hölzerne

◀ *Beliebt bei Liebespärchen: die Seufzerallee am Hofgarten*

Schwanenhaus. Gern schauen die Düsseldorfer den vielen Wasservögeln zu, die hier versorgt werden. Auf einer der Wiesen ruht die **„Liegende Figur in zwei Teilen“** von Henry Moore, die 1983 hier aufgestellt wurde.

Durch die **Weyhe-Passage** gelangt man in einen weiteren Teil des Hofgartens, der ebenfalls von Maximilian Weyhe gestaltet wurde. Das Kunstwerk **„Vivarium“** von Mark Dion entstand während der Euroga 2002plus und befindet sich, wenn man die Weyhe-Passage verlässt, rechts. Es handelt sich um einen vermodernden Baum in einem Glashaus, auf dem der Künstler viele lebende Kleinorganismen angesiedelt hat. In allen Bereichen des Hofgartens sind außerdem **Denkmäler** wichtiger Düsseldorfer Persönlichkeiten aufgestellt, so z. B. für Heinrich Heine, Robert Schumann, Christian Dietrich Grabbe oder Peter Cornelius.

Der Hofgarten endet am Ehrenhof ⓴. 2004 wurde der Park in die „Straße der Gartenkunst an Rhein und Maas“ aufgenommen.

› Haltestelle: Jan-Wellem-Platz, Straßenbahn 703, 706, 707, 712, 713
› Vom nördlichen Ende der Königsallee (Höhe Steigenberger Park Hotel) gelangt man direkt in den neuen Teil des Hofgartens und von dort weiter in den alten Teil.

㉕ THEATERMUSEUM ★ [K15]

Das **Hofgärtnerhaus** wurde unter Kurfürst Carl Theodor 1769/1770 nach Plänen von Nicolas de Pigage errichtet. Zwischenzeitlich wurde es zerstört, 1802 aber von Anton Huschberger wieder aufgebaut. Von 1804 bis 1808 wohnte **Maximilian Weyhe** hier und ab 1821 wurde es als Unterkunft für Bedienstete des Prinzen Friedrich von Preußen genutzt.

Im **Zweiten Weltkrieg** wurde das Gebäude erneut zerstört, 1955 jedoch wieder aufgebaut und erweitert. Seit 1988 befindet sich hier das **Theatermuseum.** Es dokumentiert mehr als 400 Jahre Theatergeschichte und bietet z. B. Informationen über die Schauspielerin Louise Dumont, die das Theater zusammen mit ihrem Mann Gustav Lindemann gründete, oder zur Arbeit von Gustaf Gründgens. Das **Programm** des Museums umfasst Aufführungen, wechselnde Ausstellungen, Diskussionsrunden, Lesungen und Kurse.

› Jägerhofstraße 1, Tel. 8994680, www.duesseldorf.de/theatermuseum, Eintritt: 3 €, ermäßigt 1,50 €, geöffnet: Di.–So. 13–20.30 Uhr
› Haltestelle: Heinrich-Heine-Allee, U-Bahn U74, 75, 76, 77, 78, 79, oder Jan-Wellem-Platz, Straßenbahn 701, 703, 706, 712, 713, 715

㉖ SCHLOSS JÄGERHOF UND GOETHE-MUSEUM ★★ [L15]

Kurfürst Carl Theodor (1742–1799) ließ Schloss Jägerhof im 18. Jh. als Wohnsitz des Oberjägermeisters errichten. Heute beherbergt es das Goethe-Museum.

Das Schloss wurde zwischen 1752 und 1762 nach Plänen von Johann Joseph Couven erbaut. 1795 wurde es von französischen Soldaten geplündert und diente als **Lazarett.** Für den Besuch Kaiser **Napoleons** und seiner Gattin Louise wurde das Gebäude 1811 renoviert und neu ausgestattet.

Goethe war zweimal Gast in Düsseldorf und wohnte in der nahe gelegenen Villa Pempelfort ㉗. Von seiner Wohnstätte aus konnte er angeblich auf Schloss Jägerhof blicken, deshalb hat man dieses Gebäude

1987 für das **Goethe-Museum** ausgewählt, aber auch die **Sammlung Ernst Schneider** (Meißner Porzellan, Silber, Mobiliar des 18. Jh.) ist darin untergebracht.

Das Goethe-Museum zählt zu den drei größten Museen seiner Art – neben Frankfurt, dem Geburtsort Goethes, und Weimar, wo er starb. Die Sammlung umfasst ca. 35.000 Exponate zu Leben und Werk des Dichters. Erstausgaben und Briefe sind in Vitrinen zu bestaunen.

› Goethe-Museum – Anton- und Katharina-Kippenberg-Stiftung, Jacobistraße 2, Tel. 8996262, www.goethe-museum.com, Eintritt: 3 €, geöffnet: Di.–Fr. und So. 11–17 Uhr, Sa. 13–17 Uhr
› Haltestelle: Jacobistraße, Straßenbahn 703, 712, 713, oder Jägerhof, Straßenbahn 707

27 MALKASTEN UND VILLA PEMPELFORT ★ [L15]

Der **Malkasten** wurde 1848 als **revolutionärer Künstlerverein** im gleichnamigen Haus gegründet und spielte eine große Rolle im Kunstleben der Stadt. Vor allem die dortigen **Maskenbälle** waren berühmt berüchtigt, denn die Großen der Düsseldorfer Malerschule trafen sich hier und feierten. Als Andreas Achenbach starb, trug selbst das Gebäude Trauer und die Düsseldorfer standen Spalier bis zum Nordfriedhof.

Im Zweiten Weltkrieg wurde das Gebäude zerstört und von 1950 bis 1954 neu aufgebaut. Der Malkasten dient heute als **Veranstaltungsort**. Das Gebäude befindet sich in einem nur drei Hektar großen,

▲ *Schloss Jägerhof wurde im 18. Jh. erbaut*

► *Der Malkasten ist Treffpunkt des gleichnamigen Künstlervereins*

denkmalgeschützten **Privatpark,** den Friedrich Heinrich Jacobi anlegen ließ. Der Park ist wieder in der alten historischen Form hergerichtet und kann gegen Eintritt besichtigt werden.

Die rosafarbene **Villa Pempelfort,** die an den Malkasten anschließt, war der Landsitz der **Gebrüder Jacobi:** Die Dichter Johann Georg (1740–1814) und Friedrich Heinrich Jacobi (1743–1819) empfingen die Crème de la Crème der Intellektuellen des 18. Jh. Goethe war zweimal bei den Jacobis zu Gast (1774 und 1792) und soll unter einem der Bäume im Park gesessen und gedichtet haben. Auch Herder, Wieland sowie die Gebrüder von Humboldt waren bei ihnen zu Gast.

Neben der Villa der Brüder Jacobi befindet sich der kleine **Biergarten** (April bis Oktober) des Malkastens. Ein gemütlicher Ort, an dem man lauschig zwischen Bäumen sitzt. Im Malkasten-Restaurant ist vor allem der Brunch am Sonntag beliebt.

- Jacobistraße 6a, Tel. 351470, www.malkasten.com, Eintritt in den Park: 2 €, geöffnet: Park im Sommer tägl. 10–20 Uhr, im Winter 10–18 Uhr; Restaurant (www.mk-1.de): tägl. ab 18:30 Uhr, Mo.–Fr. auch 12–15 Uhr, Brunch (So./feiertags) ab 10:30 Uhr
- Haltestelle: Jacobistraße, Straßenbahn 703, 712, 713

28 DREI-SCHEIBEN-HAUS ★ [K16]

Das sogenannte Drei-Scheiben-Haus wurde 1959/60 von den Architekten Hentrich, Petschnigg & Partner (HPP) gebaut und hat seinen Namen wegen der drei **gegeneinander versetzten Gebäudescheiben.** Mit seinen 95 Metern war das Bürohochhaus zur damaligen Zeit das höchste Gebäude der Stadt und galt in den 1960er-Jahren als **Wahrzeichen** für das moderne Düsseldorf, das als **„Schreibtisch des Ruhrgebiets“** bezeichnet wurde. Das

049df Abb.: hg

Ruhrgebiet mit seiner Stahl- und Kohleproduktion war nicht weit von Düsseldorf entfernt und deshalb befanden sich in der Stadt die Verwaltungsgebäude der jeweiligen Unternehmen wie z.B. die Firmenzentrale der Phönix-Rhein-Rohr AG, aus der später die Thyssen-Krupp AG hervorging.

Bis 2007 war das Gebäude im Besitz der Firma Thyssen, die noch bis 2010 Mieter war. Heute gehört das Gebäude der Deutschen Bank.

› August-Thyssen-Straße 1, Haltestelle: Jan-Wellem-Platz, Straßenbahn 701, 703, 706, 712, 713, 715

29 BERLINER ALLEE ★ [K17]

Die Berliner Allee ist keine schöne Straße und trotzdem spielt sie in Düsseldorf eine wichtige Rolle, denn sie ist eine **wichtige Nord-Süd-Achse** und an ihr befinden sich mehrere interessante Bauwerke. Bis in die 1950er-Jahre floss der Verkehr durch die parallel verlaufende Königsallee, dann war diese durch den regen Verkehr so überlastet, dass eine neue Straße angelegt wurde: die Berliner Allee.

Ihre Namen trägt sie, weil der damalige Berliner Oberbürgermeister, **Willy Brandt,** zur Einweihung der Straße nach Düsseldorf kam. An der Berliner Allee befinden sich zahlreiche **Wirtschafts- und Finanzinstitute** wie die Industrie- und Handelskammer, die Börse (die zweitgrößte nach Frankfurt) und eine Niederlassung der Deutschen Bundesbank. Ein paar Meter weiter befindet sich auf dem Platz der Deutschen Einheit der Brunnen von Heinz Mack. Er besteht aus drei dreieckigen Segeln, die aus dem Wasser in unterschiedlicher Höhe aufragen (3,6 und 9 m hoch) und zwischen denen sich Wasserfontänen befinden. Entstanden ist der Brunnen 1988.

Auf der anderen Seite der Berliner Allee befindet sich das **Finanzkaufhaus der Stadtsparkasse** (Berliner Allee 33), das in die Kö-Galerie integriert ist. Die Fassade des Gebäudes ist eher nüchtern in Glas, Stahl und Beton gehalten. Um dem Ganzen aber ein „menschliches Gesicht" zu geben, wurden in die Fassadengestaltung auch **Porträts** von Düsseldorfern integriert. Die Fotos stammen vom Schweizer Künstler **Beat Streuli,** der einfach Passanten angesprochen und gefragt hat, ob sie sich für das Projekt ablichten lassen würden. So entstand ein Spektrum an Gesichtern, das typisch für die Bevölkerung von Düsseldorf ist.

› Haltestelle: Steinstraße/Königsallee (Ausgang: Berliner Allee), U-Bahn U75, 76, 78, 79, oder Jan-Wellem-Platz, Straßenbahn 701, 703, 706, 712, 713, 715

30 JOHANNESKIRCHE ★ [K16]

An der Berliner Allee befindet sich die **evangelische Johanneskirche,** deren Koordinaten als **geografischer Mittelpunkt der Stadt** gelten. Sie wurde zwischen 1875 und 1882 erbaut und ihr **Kirchturm** ist mit 87,3 m der höchste Düsseldorfs. Bei ihrer Errichtung war die Kirche sogar eines der größten protestantischen Gotteshäuser Deutschlands.

Im Zweiten Weltkrieg wurde das Innere der Kirche zerstört, später aber wieder restauriert. Bekannt ist die Johanneskirche für den **Bach-Saal,** in dem regelmäßig musikalische Veranstaltungen stattfinden. Im **Foyer** befindet sich außerdem ein Café mit kleinen Speisen zu günstigen Preisen und fair gehandelten Produkten aus ökologischem Anbau, die hier käuflich erworben werden können.

050df Abb.: hg

◄ *Geografischer Stadtmittelpunkt: die evangelische Johanneskirche*

› Martin-Luther-Platz 39, Tel. 60170815, www.johanneskirche.org, geöffnet: Mo.–Fr. 10–18 Uhr
› Haltestelle: Steinstraße/Königsallee (Ausgang: Berliner Allee), U-Bahn U75, 76, 78, 79, oder Jan-Wellem-Platz, Straßenbahn 701, 703, 706, 712, 713, 715

31 JUSTIZMINISTERIUM ★ [K17]

Schräg gegenüber dem Eingang der Johanneskirche befindet sich das **Justizministerium des Landes Nordrhein-Westfalen.** Das Gebäude wurde 1859 von dem Schinkel-Schüler C. A. Krüger im Stil des **Berliner Klassizismus** errichtet. Auf dem Vorplatz befinden sich seit 1986 zwei Monumente: **Standbilder** von **Kaiser Wilhelm I.** (von Carl Janssen) und von **Reichskanzler Bismarck** (von August Bauer und Johannes Röttgen) erinnern an die preußische Herrschaftszeit.

› Martin-Luther-Platz 40, Haltestelle Steinstraße/Königsallee (Ausgang: Berliner Allee), U-Bahn U75, 76, 78, 79, oder Jan-Wellem-Platz, Straßenbahn 701, 703, 706, 712, 713, 715

32 KÖNIGSALLEE ★★★ [K17]

Die Kö ist eine Prachtstraße und die eleganteste Shoppingmeile Düsseldorfs. Hier finden sich alle renommierten Modelabels. Anfang des 19. Jahrhunderts geschaffen, hieß die Straße wegen der Kastanienbäume, die dort standen, zunächst Kastanienallee. 1851 kam sie dann zu ihrem heutigen Namen.

1804 wurde an der Stelle der früheren Befestigungsanlagen ein **Stadtgraben** angelegt, der mit Wasser aus der Düssel gefüllt ist und heute die Mitte der Königsallee bildet. Die Straße verläuft rechts und links des Grabens, wobei sich die beiden Seiten unterschiedlich entwickelt haben. An der **Westseite** der Königsallee befinden sich Banken, Verwaltungsgebäude und Hotels. Die **Ostseite** ist von Geschäften, Cafés und Restaurants geprägt. **Drei Brücken** überqueren den Stadtgraben und verbinden die beiden Straßenteile miteinander.

Verantwortlich für die Anlage des Boulevards waren der Hofbaumeister Anton Huschberger, der Gartenbaumeister Maximilian Friedrich Weyhe und der Wasserbaumeister Wilhelm Gottlieb Bauer. Sie schufen auch den 30 Meter breiten, 5 Meter tiefen und fast 1000 Meter langen Stadtgraben, der zu beiden Seiten von mehreren Baumreihen flankiert wird.

Anfangs hieß die Allee wegen der hier gepflanzten Bäume **Kastanienallee**, doch 1851 kam sie nach einem denkwürdigen Ereignis zu ihrem neuen Namen: 1848 fand eine bürgerliche Revolution statt. Die Bürger Preußens wollten Meinungs- und Pressefreiheit und es kam zu Barrikadenkämpfen, auch in Düsseldorf. Der preußische König **Friedrich Wilhelm IV.** wollte den Forderungen nicht nachkommen, doch ausgerechnet in diesem Jahr kam er zu Besuch nach Düsseldorf. Als er in der offenen königlichen Kutsche auf der Allee fuhr, wurde er von erbosten Bürgern **mit Pferdeäpfeln beworfen.** Danach war drei Jahre lang Funkstille zwischen dem König und der Stadt Düsseldorf, dann entschuldigten sich die Stadtväter und boten an, die Allee zu Ehren des Königs in **Königsallee** umzubenennen.

1985 wurde die Straße noch einmal grundlegend **verschönert.** Im alten Stil gehaltene Straßenlampen, dazu passende Zeitungskioske, die einzigen schwarzen Telefonzellen Deutschlands (damals waren alle gelb) und Poller wurden aufgestellt und der Bürgersteig wurde verbreitert. Das südliche Ende des Stadtgrabens ziert das Wappentier Düsseldorfs, der **Bergische Löwe** (Wappen der Grafen von Berg). Das nördliche Ende verschönert der **Tritonenbrunnen** mit seinem Meeresgott und dem Wasser speienden Fisch. Den Abschluss der Königsallee bildet das **Steigenberger Parkhotel (Königsallee 1a)**, das 1902 anlässlich der Großen Industrie- und Gewerbeausstellung eröffnet wurde.

Die Kö gilt heute als eine der schönsten **Einkaufsstraßen** überhaupt. Vor allem **Modegeschäfte** mit den renommierten Labels finden sich hier, dazwischen aber auch **traditionelle Geschäfte** wie z. B. das Porzellangeschäft Franzen. Einige sehr schöne **Einkaufspassagen** sind ebenfalls entlang der Königsallee zu finden. Die Kö-Galerie (s. S. 21) hat 1986 sogar einen Preis gewonnen und gilt als schönste Einkaufspassage Westeuropas.

Am nördlichen Ende des Boulevards (Königsallee 1–9) befindet sich ein auffälliges Gebäude, das vom Wiener Jugendstilarchitekten **Joseph Maria Olbrich** entworfen und zwischen 1907 und 1909 errichtet wurde. Es gehörte zu den drei ersten **Warenhausgebäuden** in Deutschland – zusammen mit der Krupp-Konsum-Anstalt in Essen und dem Kaufhaus Wertheim in Berlin. Ursprünglich war hier das Warenhaus Tietz (Hertie) untergebracht, heute ist das Gebäude eine Filiale der **Galeria Kaufhof** (s. S. 21).

› Haltestelle: Steinstraße/Königsallee (Ausgang: Berliner Allee), U-Bahn U75, 76, 78, 79, oder Jan-Wellem-Platz, Straßenbahn 701, 703, 706, 712, 713, 715

MEDIENHAFEN

Der Medienhafen mit seiner innovativen Architektur ist ein Highlight für jeden Besucher und vor allem die Gehry-Bauten mit ihren krummen Fassaden sind ein beliebtes Postkartenmotiv. Der Name des Areals erklärt sich durch die Tatsache, dass ungefähr ein Viertel der Unternehmen, die im Hafen ansässig sind, aus der Medienbranche kommt: Es gibt vor allem Werbe-, Internet- und Marketingagenturen, Medieninstitute und Fernsehsender. Auch der Westdeutsche Rundfunk (WDR) ist im Medienhafen vertreten. Das WDR-Gebäude wurde 1991 von den Architekten

003df Abb.: hg

Parade und Partner erbaut. In den zwei transparent gehaltenen Obergeschossen befinden sich die Redaktionen, die massiv wirkenden Geschosse darunter sind für Technikräume und Studios reserviert. Die 25 m hohe Eingangshalle wirkt wie ein Volksempfänger, so nannte man ein Radio mit eingebautem Lautsprecher, das während des Zweiten Weltkriegs gebräuchlich war.

Der **ursprüngliche Hafen** wurde 1896 fertiggestellt und war damals einer der modernsten Häfen Europas, denn sämtliche Anlagen wurden elektrisch bedient. Er war ein wichtiger Einfuhrhafen für Nahrungsmittel, Getreide und Holz und wurde bis in die 1960er-Jahre (mit Einbrüchen während des Ersten und Zweiten Weltkriegs) immer weiter ausgebaut. Mitte der 1970er-Jahre ließ der Umsatz nach und der Düsseldorfer Stadtrat beschloss, einen Teil des Hafens **zuzuschütten** und für eine **städtebauliche Neuordnung** freizustellen. Seit 1989 erfolgt schrittweise die Umgestaltung des Gebiets.

Als Erstes entstanden der **Rheinturm** und der **Landtag**, dann kam das Gebäude des **WDR** hinzu. Mitte der 1990er-Jahre wurden die **Gehry-Bauten** errichtet, weitere innovative Bauwerke von renommierten Architekten wie Claude Vasconi, Fumihiko Maki, William Alsop oder Joe Coenen folgten. Das **Stadttor**, in dem sich die neue Staatskanzlei befindet, wurde 1998 fertiggestellt und direkt am Eingang zum alten Hafen, unter der Rheinkniebrücke, befindet sich das **Apollo Varieté Theater.**

Teile des alten Hafens wie die alten Gleise, Kräne und Speicher sind auch heute noch zu sehen, dazwischen entstanden die neuen Gebäude und so ist ein **Mix aus Alt und Neu** entstanden. Aus dem ehemaligen Zollhafen ist zudem ein **Sporthafen** geworden, in dem ca. 160 Boote und Jachten ihren Liegeplatz haben.

▲ *Im ehemaligen Einfuhrhafen für Nahrungsmittel, Getreide und Holz liegen heute Sportboote vor Anker*

33 APOLLO VARIETÉ THEATER ★★ [K17]

Das **ursprüngliche Apollo Theater** befand sich bis 1966 an der Königsallee (Nummer 106). Es war bereits 1899 gebaut worden und diente als Varieté, für Zirkusvorstellungen und Konzerte. 1966 wurde es abgerissen und die Stadt musste mehr als 30 Jahre ohne Varietétheater auskommen.

Das **neue Theater** wurde 1997 in nur 10 Monaten an einem **außergewöhnlichen Standort** direkt unter der Rheinkniebrücke zwischen Hafen und Altstadt gebaut und im gleichen Jahr eröffnet. Geplant wurde es von Professor Niklaus Fritschi, der auch für das Wellengangpflaster verantwortlich zeichnet, das den Hafen mit der Altstadt verbindet. Keiner der Plätze ist mehr als 12 Meter von der Bühne entfernt und die Bühnenrückwand ist beweglich. Das Theater ist **komplett verglast**, daher hat man vom Café und von der Bar aus einen umwerfenden Blick auf den Rhein.

Der Direktor des Apollo Varietés ist **Bernhard Paul**, der gleichzeitig auch Direktor des Zirkus Roncalli ist. Das Programm des Apollo wechselt ständig.

› Apollo-Platz 1, www.apollo-variete.com, Tel. 8289090, Eintritt: je nach Saison und Sitzplatz 19–47 €, Showzeiten: Di.–Fr. 20 Uhr, Sa. 17 und 21 Uhr, So. 14 und 18 Uhr. Restaurant, Café und Bar sind an allen Spieltagen ab zwei Stunden vor Showbeginn geöffnet.
› Haltestelle: Landtag/Kniebrücke, Straßenbahn 704, 709, 719

34 LANDTAG ★★ [H18]

Der Landtag residiert seit 1988 am Rheinufer. Das Ständehaus am Schwanenspiegel, in dem der Landtag seit 1949 untergebracht war, war zu klein geworden war. Zunächst dachte man über eine Vergrößerung nach, doch dann entschloss man sich zu einem Neubau an einer Stelle, an der sich früher zahlreiche Industriebetriebe befanden.

Die Architekten, die für das neue Gebäude verantwortlich zeichnen, sind Eller, Moser, Walter & Partner. Der Landtag wurde wie eine Art **Amphitheater** errichtet: ein kreisrunder Saal mit einem Durchmesser von 30 Metern, um den sich weitere kreisrunde Säle gruppieren, die die **Fraktionen** beherbergen. Hinzu kommen spiral- und kreisförmige Gebäudeteile, in denen sich der **Abgeordnetenbereich** befindet. In den letzten Jahren sind noch weitere Gebäude hinzugekommen. Vom Rheinturm 35 ist der interessante Grundriss des Landtags besonders gut zu sehen.

Vor dem Haupteingang steht die 1990 entstandene **Bodenplastik „Tzaphon“** des israelischen Künstlers Dani Karavan. Sie ist aus Gusseisen, 20 Tonnen schwer und greift die runde Form des Landtags auf.

▼ *Der Düsseldorfer Landtag ist kreisförmig angelegt*

052df Abb.: hg

> Platz des Landtags 1, Tel. 8842302, www.landtag.nrw.de. Ab 5 Personen sind kostenlose Führungen möglich. Interessierte müssen sich zuvor per Post oder per E-Mail mit der genauen Personenzahl an den Landtag wenden: Landtag Nordrhein-Westfalen, Postfach 101143, 40002 Düsseldorf, z. Hd. Frau Bergerfurth-Frings, agnes.bergerfurth-frings@landtag.nrw.de.
> Haltestelle: Landtag/Kniebrücke, Straßenbahn 704, 709, 719

35 RHEINTURM ★★★ [H18]

Der Rheinturm ist mit 240 Metern das höchste Bauwerk der Stadt Düsseldorf. Er wurde zwischen 1979 und 1981 nach Plänen von Harald Deilmann errichtet und von oben hat man einen wunderschönen Blick über Düsseldorf und die Umgebung.

Der Rheinturm war das erste Gebäude im neuen Hafen und wurde als **Fernmeldeturm** der ehemaligen Deutschen Bundespost gebaut. Er dient als Träger von **Antennen** für Richtfunk, DVB-Fernsehen und UKW-Funkdienste. Das **Fundament** hat einen Durchmesser von 34 Metern und ruht auf 256 Betonpfeilern, die 18 Meter tief in den Rheinkiesel gerammt sind. Das Rohbaugewicht des Turms beträgt stolze 22.500 Tonnen. Mit einem Lift fährt man bei einer Geschwindigkeit von 4 Metern pro Sekunde nach oben.

Auf 168 Metern Höhe gibt es das **Bistro Panorama** und eine geschlossene Aussichtsplattform mit Panoramascheiben, von der aus man einen guten **Rundumblick** über Düsseldorf hat. Wer will, kann hier etwas verzehren, muss dies aber nicht. Die Räumlichkeiten auf 172 Metern Höhe beherbergen das Drehrestaurant Top 180 (s. S. 38).

In Richtung Rheinkniebrücke befindet sich am Rheinturm die weltweit größte **Dezimaluhr.** Sie ist im „Guinness Buch der Rekorde" gelistet. Der sogenannte **„Lichtzeitpegel"** stammt vom Düsseldorfer Künstler Horst H. Baumann und besteht aus den Bullaugen des Rheinturms. 39 von ihnen werden, sobald es dunkel ist, beleuchtet und man kann an ihnen die Uhrzeit ablesen. Innen im Turm ist die Uhr im Miniformat nachgebildet. Sie befindet sich neben den Fahrstühlen.

Die Sekunden werden bei der Uhr ganz unten angezeigt, sind 10 Sekunden voll, leuchtet darüber ein Bullauge für die ersten zehn Sekunden auf. Sind bei den Zehn-Sekunden-Schritten wiederum sechs Bullaugen erleuchtet, erscheint darüber das erste Licht, das eine Minute anzeigt, danach folgen entsprechend Anzeigen für zehn Minuten, Stunden und 10 Stunden.

› Stromstraße 20, Tel. 8632000, www.guennewig.de/drheintu, Aufzug: Erwachsene 3,60 €, Jugendliche (12–18 Jahre) 2,90 €, Kinder (bis 12 Jahre) 2 €, Bistro (mit geschlossener Aussichtsplattform) geöffnet: tägl. 10–19 Uhr, Restaurant Top 180 geöffnet: tägl. 10–23.30 Uhr
› Haltestelle: Landtag/Kniebrücke, Straßenbahn 704, 709, 719

36 STADTTOR ★★ [H19]

Das Stadttor, das u.a. Sitz der Staatskanzlei ist, gehörte nicht, wie der Name vermuten ließe, zur alten Stadtbefestigung, sondern es handelt sich um ein **architektonisch außergewöhnliches Gebäude** aus den 1990er-Jahren. Sein **Grundriss** ist ein Parallelogramm. Die Kante, die zwei seiner Seiten bilden, zeigt in Richtung Hafen – wie der Bug eines Schiffs. Die beiden 80 Meter hohen **Türme** werden von einer **Glasfassade** umfasst und sind auf den oberen drei Etagen miteinander verbunden. Diese Konstruktion bildet mit 56 Metern Höhe **Deutschlands höchstes Atrium** und vermittelt den Eindruck eines **Torhauses,** woraus sich der Name des Bürogebäudes ableitet. Außerdem markiert das Stadttor die Einfahrt der Rheinuferstraße (Bundesstraße 1) in den **Rheinufertunnel,** der direkt unter dem Gebäude verläuft.

Das Gebäude, dessen Büros raumhohe Fenster mit Buchenholzrahmen aufweisen, ist ein **Niedrigenergiehaus.** Bis zu 70 Prozent der normalen Betriebskosten können eingespart werden, denn die doppelte Glasfassade wirkt wie ein Puffer und hält das Gebäude im Winter warm und im Sommer kühl. **Sonnenschutzlamellen** verhindern ebenfalls, dass es zu heiß wird. Die Temperatur kann zudem für jedes Büro mithilfe von mit Grundwasser **gekühlten Deckenelementen** einzeln geregelt werden.

Die Architekten des Stadttors sind Karl-Heinz Petzinka und Thomas Pink. Auf der MIPIM, der größten internationalen Immobilienmesse in Cannes, gewann das Haus 1998 gleich zwei Preise: den **MIPIM Award** für Europas bestes Bürogebäude und den **Special Jury Award** für das beste europäische Gebäude.

Das Atrium kann im Erdgeschoss zu normalen Bürozeiten betreten werden. Im ersten Stock gibt es einen Portier, bei dem man sich anmelden bzw. ausweisen muss. Da die **Staatskanzlei** sich im selben Gebäude befindet (Etagen 8 bis 12), herrscht erhöhte Sicherheit. Im Erdgeschoss des Stadttors befindet sich mit dem Il Portone ein italienisches Lokal.

› Stadttor 1, Tel. 60006020, www.stadttor.de, Haltestelle: Stadttor, Straßenbahn 704, 709

37 GEHRY-BAUTEN ★★★ [G19]

Die drei Gebäude des kanadischen Architekten Frank O. Gehry sind durch die krummen und schiefen Wände im Medienhafen besonders auffällig. Mit ihrer „tanzenden" Architektur waren sie der Startschuss für weitere Bauwerke renommierter Architekten.

Die drei Gehry-Bauten sind in Form, Farbe, Material und Größe unterschiedlich und befinden sich an der Stelle, an der früher der alte **Zollhof**, ein 95 m langes viergeschossiges Lagerhaus, stand. 1992 wurde er abgerissen und 1994 konnte man **Frank O. Gehry** für das Neubauprojekt gewinnen. Gehry hatte bereits mit dem Guggenheim Museum in Bilbao von sich reden gemacht und 1989 den renommierten Pritzker-Preis erhalten. Er gilt als einer der Hauptvertreter des Dekonstruktivismus und vermeidet bei seinen Plänen rechte Winkel und eckige Formen so weit wie möglich, wodurch „krumme" und irgendwie „verdreht" wirkende Häuser entstehen.

Das Gehry-Gebäude **Zollhof 1** besteht aus rotem Klinker und erinnert an „Stapelware" – Kisten aus dem alten Hafen. **Zollhof 3** ist weiß verputzt, mit 53 m das höchste der drei Gebäude und seine „Türme" lassen einen an die Schornsteine eines Dampfers denken. **Zollhof 2** ist das kleinste Gebäude und befindet sich in der Mitte. Es ist mit gefalztem Stahlblech verkleidet und wirkt ein wenig wie eine zerknüllte Blechdose. Das Haus reflektiert die anderen Gebäude, die vor ihm stehenden Besucher und die Sonnenstrahlen. Für Frank O. Gehry stellt das Gebäudeensemble eine **Familie** dar: Das weiße Gebäude ist der Vater, das rote die Mutter und das kleine in der Mitte ist das Kind.

Das ganze Projekt konnte nur mithilfe eines **3D-Computermodells**

> KLEINE PAUSE
>
> ***Gastronomie in den Gehry-Bauten***
>
> Die Gebäude können nur von außen besichtigt werden, im weißen und roten Gebäude befinden sich jedoch im Erdgeschoss Restaurants: die **Meerbar** (s. S. 32) und das **Gehry's** (s. S. 31). Beide haben große Terrassen, von denen man einen tollen Blick in den Hafen und auf den Rhein genießen kann. Die richtige Atmosphäre, um zu entspannen.

051df Abb.: hg

► *Die drei Gehry-Gebäude sollen eine Familie darstellen: Das silberne in der Mitte ist das Kind*

entworfen werden und wurde zwischen Herbst 1996 und Herbst 1999 realisiert. Besonders schwierig war es, in die verwinkelten Wände **Fenster** zu setzen, zumal diese auch noch unterschiedlich groß sein sollten.

Inzwischen sind die Gehry-Bauten zum **Postkartenmotiv Nr. 1** geworden und die New York Times fragte dann auch ganz richtig: „Warum stehen diese Türme nicht bei uns?"

› Neuer Zollhof 1–3, Haltestelle: Stadttor, Straßenbahn 704, 709

WEITERE ARCHITEKTUR IM MEDIENHAFEN

Mit den Gehry-Bauten war der Startschuss für eine **innovative Gestaltung des weiteren Hafengeländes** gefallen und in den nächsten Jahren folgten Gebäude weiterer renommierter Architekten. Den Bauten gemein ist, dass sie in ihrer Gestaltung auf Hafen und Wasser anspielen, so z. B. das **Kai-Center** (Kaistr. 20) von Döring & Partner, das wie ein luxuriöses Kreuzfahrtschiff wirkt. Die Glasfassaden laufen wie ein Bug in Richtung Wasser aufeinander zu. Das Geländer auf der Dachterrasse gleicht einer Reling. Ein paar Straßenzüge weiter steht das **Grand Bateau** (Zollhof 2–8) des französischen Architekten Claude Vasconi. Es ist Sitz des Europäischen Medieninstituts und der Landesanstalt für Medien. Die eine Seite wirkt ebenfalls wie der Bug eines Ozeanriesen und vor dem Gebäude öffnet sich der **Platz der Medien** (Zollhof 11, [G19]).

Das Gebäude des Architekten **David Chipperfield** (Kaistr. 16) ist aus Sichtbeton gefertigt und wirkt einfach, ja fast roh. Es erinnert damit an die raue Hafenatmosphäre von damals. Ganz oben unter dem Dach befand sich früher das Atelier des Künstlers **Jörg Immendorff.** Die Bronzeskulptur vor dem Haus ist von ihm und zeigt einen „Seher". Ein weiterer Abguss der Skulptur steht im Hamburger Hafen.

053df Abb.: hg

EXTRATIPP

Platz der Medien [G19]

Der Platz (Zollhof 11) wurde 1996 von Günther Uecker entworfen, der vor allem durch seine Nagelbilder bekannt wurde, und von Thomas Beucker umgesetzt. **Granitblöcke,** die im Sommer als Sitzplätze für das Open-Air-Kino dienen, sind halbkreisförmig angeordnet und wirken wie große Steine, die in einem **Flussbett** liegen, das mithilfe von Bruchkies dargestellt ist. Ursprünglich war der Platz mit Splitt belegt, der so fein war, dass er sich unter den Schuhsohlen festsetzte und die Abwasserschächte verstopfte. Die heute verwendeten Steine sind daher gröber.

EXTRATIPP

Der Seher – oder Hans Albers in Düsseldorf

Die Skulptur eines Mannes, der in die Ferne blickt, zwischen den Häusern Kaistraße 14 und 16 stammt von **Jörg Immendorff.** Der Künstler hatte jahrelang auf der Hamburger Reeperbahn eine Kneipe und schuf zu Ehren des Schauspielers **Hans Albers** eine Skulptur. Das Denkmal für den berühmten Sohn Hamburgs im Hamburger Hafen aufzustellen, machte Sinn. In Düsseldorf befindet sich jedoch die gleiche Skulptur. Hier heißt sie allerdings „der Seher" – auch wenn auf den Schultern links und rechts die Buchstaben H und A zu lesen sind.

Wenn man vom „Seher" aus auf das Hafenbecken zugeht, trifft man auf die **Living Bridge.** Sie ist eine Fuß- und Radwegbrücke und führt auf die andere Seite des Hafenbeckens. Die Brücke trägt ihren Namen, weil sie durch ihr Konzept zu einem Aufenthalt einlädt und so „lebendig" wirkt. Sie ist relativ breit, hat Sitzstufen und Lichtkuben und in der Mitte gibt es ein Restaurant, das in einem gläsernen Ponton untergebracht ist.

Auf der anderen Seite des Hafenbeckens stechen vorne auf der Landzunge **zwei Türme** ins Auge. Einer von ihnen ist ein Bürohochhaus, der andere beherbergt ein Hotel. Früher war hier „Monkey Island", der Strand von Düsseldorf.

◄ *Das Grand Bateau („großes Schiff", links) erinnert an den Bug eines Ozeanriesen*

Das **Colorium** (Speditionsstr. 9) von William Alsop aus London ist ein besonders auffälliges Gebäude. Das farbige Hochhaus ist von einem knallroten Dach gekrönt, das an ein Sprungbrett erinnert. Alsop hat es sich zur Aufgabe gemacht, Menschen mit seiner Baukunst aufzuheitern. Fast zwanzigmal wurde die Farbgestaltung überarbeitet, bis die Abfolge des Musters den Vorgaben des Architekten entsprach. Unter der Adresse Speditionsstr. 13 verbirgt sich ein **Getreidespeicher von 1938.** Die ehemalige Kornschütte des Gebäudes ist noch erhalten. Ein paar Meter weiter klettern die **„Flossis"** der Stuttgarter Künstlerin Rosalie an der Fassade des Roggendorf-Hauses (Speditionsstr. 15a) empor. Es handelt sich um insgesamt 29 farbige Figuren aus Kunststoff, die alle Unikate sind.

Am Ende des Hafens glitzert vor allem bei Sonnenschein der **Maki-Solitär** (Speditionsstr. 5), ein achtgeschossiger Würfel mit einer Fassade aus Aluminium und Glas des japanischen Architekten Fumihiko Maki. Er „wiederholte" hier ein Gebäude, das er bereits 1998 in Tokio gebaut hatte. Rechts daneben steht die **alte Mälzerei** der Firma Friedrich Küppers.

In der Straße Am Handelshafen (Hausnummer 4) befindet sich das **Port Event Center (PEC)**. Das Gebäude ist die **ehemalige Elektrozentrale** von 1896 und steht unter Denkmalschutz. Norbert Wansleben hat darüber den **Wolkenbügel** gebaut, einen Riegel, der horizontal auf dem alten Gebäude liegt. Der Riegel, ein dreigeschossiges Glasgebäude, enthält Büros und Studios. Hier hat die Werbeagentur Ogilvy & Mather ihren Sitz.

ENTDECKUNGEN AUSSERHALB DES ZENTRUMS

38 GOLZHEIMER FRIEDHOF ★★ [J12]

Auf diesem Friedhof ruhen viele bekannte Düsseldorfer wie z. B. **Wilhelm von Schadow,** der Direktor der Kunstakademie, oder Gartenbaumeister **Maximilian Friedrich Weyhe.** Von Letzterem wurde der Friedhof Anfang des 19. Jh. auch angelegt und gestaltet.

Der Golzheimer Friedhof zählt zu den wichtigsten Friedhofsanlagen in Nordrhein-Westfalen und ist **denkmalgeschützt.** Er wurde nur etwa 100 Jahre lang genutzt, dann wurden keine neuen Gräber mehr zugelassen. Der **verwunschene Park** ist ein Kleinod in der Stadt. Die alten Gräber sind teilweise **prächtige Grabstätten.**

› Fischerstraße/Klever Straße, geöffnet: tägl. rund um die Uhr, www.duesseldorf.de/stadtgruen/park/golzheimer_friedhof.shtml
› Haltestelle: Victoriaplatz/Klever Straße, U-Bahn U78, 79

▶ *Das Café im Nordpark (s. S. 58) lädt zum Verweilen ein*

39 NORDFRIEDHOF ★ [J8]

1884 erfolgte die erste Beisetzung auf dem Nordfriedhof. Es ist der **größte Friedhof Düsseldorfs** und wurde nach Plänen des Gartenarchitekten **Eduard Hoppe** aus Pankow bei Berlin gestaltet. Hoppe plante großzügige Rasenflächen, ein Areal im englischen Gartenstil, in das er Grabfelder einfügte. Friedhöfe derart großräumig anzulegen, war damals noch relativ neu. Die von Hoppe gestaltete Anlage ist heute noch Kernstück des Friedhofs und steht unter Denkmalschutz. Die Friedhofsgebäude wurden erst 1887 fertiggestellt.

Mit das **bekannteste Grab** dürfte das der Edelprostituierten **Rosemarie Nitribitt** sein (Feld 95, Nr. 1148). Bekannt wurde sie in den 1950er-Jahren vor allem durch ihren gewaltsamen Tod, der nie aufgeklärt wurde. Da sich bei den Ermittlungen herausstellte, dass sie Kontakt zu bedeutenden Persönlichkeiten hatte und es bei der Aufklärung ihres Todes diverse Pannen gab, wurden schnell Verschwörungstheorien laut. Ihr Leben bzw. ihr Tod wurden bereits mehrfach verfilmt.

Auch das Grab von **Johanna Ey,** der ersten Galeristin Düsseldorfs, befindet sich hier (Feld 26, Nr. 12–13).

- › Am Nordfriedhof 1, Tel. 8994817, geöffnet: tägl. rund um die Uhr, www.duesseldorf.de/stadtgruen/friedhof/nordfriedhof/index.shtml
- › Haltestelle: Nordfriedhof, Buslinie 722, 729, 756, 834

40 NORDPARK MIT AQUAZOO-LÖBBECKE MUSEUM ★★★ [G7]

Das 1987 entstandene Aquazoo-Löbbecke Museum ist mit seiner Verbindung aus Museum und Aquarium/Terrarium einzigartig in Deutschland. Es ist von einer großen Parkanlage umgeben, in der besonders der japanische Garten sehenswert ist.

Der **Nordpark** wurde in nur eineinhalb Jahren für die „Große Reichsausstellung Schaffendes Volk“, eine Industrie- und Werkstoffschau, geschaffen und 1937 eröffnet. Um von Anfang an einen dichten **Baumbestand** zu haben wurden ausgewachsene Bäume von nahe gelegenen Friedhöfen und Parks hierher verpflanzt. Der Großteil der Ausstellungshallen befand sich auf der sogenannten **Engländerwiese.** Während des **Zweiten Weltkriegs** wurden aber viele Ausstellungsgebäude und Skulpturen im Park zerstört. Nach dem Kriegsende wurde der Park zunächst vom britischen Militär beschlagnahmt, Anfang der 1950er-Jahre aber wieder zurückgegeben.

Von der Kaiserswerther Straße kommend, betritt man den Garten vorbei an den **„Rossebändigern“**, die von Edwin Scharff erschaffen wurden, durch den Haupteingang. Rechts befinden sich die **Wasserspiele**, die größte Brunnenanlage in Düsseldorf, die ebenfalls für die Ausstellung 1937 geschaffen wurde. Neuere Parkteile sind ein **Bauspielplatz** für Kinder, der **Sommerblumengarten** und der **Kakteengarten**, der zwar ursprünglich Kakteen beherbergte, heute aber ein Palmengarten ist. Beide

054df Abb.: hg

Gärten wurden von dem Gartenarchitekten Georg Penker angelegt, der auch den Rheinpark Bilk am Medienhafen sowie den Garten der Universität entwarf.

Im westlichen Teil des Parks befindet sich in einem runden Blumenbeet die schlanke **kinetische Plastik** des amerikanischen Künstlers George Rickey. Besonders sehenswert ist aber der 5000 m² große **japanische Garten**, der 1975 ein Geschenk der japanischen Gemeinde an die Düsseldorfer Bevölkerung war. Geschaffen wurde er von den Gartenarchitekten Iwakii Ishiguro & Sohn. Es handelt sich um ein Areal mit Wasserfall, Weiher, malerischen Felsen, Azaleen, Fächerahorn und geschnittenen Kiefern, das regelmäßig von japanischen Gärtnern gepflegt wird.

Das **Aquazoo-Löbbecke Museum** befindet sich zentral gelegen im Nordpark und ist vom Haupteingang aus gut zu erreichen. Mit seiner Verbindung aus **naturkundlichem Museum** und **Aquarium/Terrarium** ist es einzigartig in Deutschland. Das Löbbecke Museum geht auf das private Museum des Apothekers **Theodor Löbbecke** zurück, der seine Sammlung Anfang des 20. Jahrhundert der Stadt mit der Auflage vermachte, die Exponate in einem Museum auszustellen. Im Jahre 1904 wurde der damalige Bau in der Altstadt eröffnet. Als der Stadt kurz darauf auch der ursprünglich private Zoo zufiel, wurde die Sammlung 1930 dort integriert und die einzigartige Kombination von Zoo und Naturkundemuseum entstand.

Seit 1987 befindet sich das Aquazoo-Löbbecke Museum an seinem jetzigen Standort und es ist nicht nur bei Kindern beliebt. Zu sehen gibt es z. B. **Reptilien**, **Amphibien**, **Fische** und **Insekten**, es gibt eine **Tropenhalle**, eine **Pinguinanlage**, **Aquarien** und **Terrarien.** Um den Pinguinen eine möglichst natürliche Umgebung zu präsentieren, werden durch ein **spezielles Beleuchtungssystem** Jahreszeiten mit unterschiedlich langen Tagen und Sonnenauf- und -untergängen simuliert.

Das **Konzept** des Museums ist es, zu insgesamt 25 Themenbereichen eine Zusammenstellung aus lebenden Tieren, Fossilien, Schautafeln

EXTRATIPP

Fütterung im Aquazoo

Ausgewählten Tieren kann zu bestimmten Zeiten bei der Fütterung zugesehen werden. Zur Sicherheit sollte man vorher noch mal die Website des Museums konsultieren, da sich die Termine ändern können: www.duesseldorf.de/aquazoo/wissenwertes/fuetterung.shtml.

- **Haie** in Raum D: Mo., Fr. 11.30 Uhr
- **Pinguine** in Raum A: Mo., Mi. 14 Uhr
- **Piranhas** in Raum J: Mo. 12 Uhr
- **Weißbüscheläffchen** in Raum R: Do. 14 Uhr
- **Landschildkröten** in Raum T: Mo./Di. und Do./Fr. 10.30 Uhr
- **Nashornleguane** in Raum V: Mo./Di. und Do./Fr. 10.30 Uhr
- **Zwergmangusten** in Raum Y: Mo.–Fr. 11 Uhr
- **Pantherschildkröten** in Raum Y: Mo./Di. und Do./Fr. 10.30 Uhr

► *Im Aquazoo kann man zu bestimmten Zeiten bei der Fütterung der Tiere zusehen*

055df Abb.: hg

und Exponaten zu präsentieren, die das jeweilige Thema anschaulich erläutert. Die Sammlung umfasst auch Schmetterlinge, Käfer, Paläontologische und mineralogische Objekte.

› Aquazoo-Löbbecke Museum, Kaiserswerther Straße 380, im Nordpark, www.duesseldorf.de/aquazoo, Tel. 8996150, Eintritt: 6 €, ermäßigt 4 €, bis 6 Jahre frei, geöffnet: tägl. 10–18 Uhr
› Haltestelle: Nordpark/Aquazoo, U-Bahn U78, 79

41 KAISERSWERTH ★★

Kaiserswerth ist der **älteste urkundlich nachweisbare Teil Düsseldorfs.** Früher war es eine eigene Stadt, wurde aber 1929 eingemeindet. Bereits im 7. Jahrhundert gab es hier eine **Festung,** die später unter Kaiser Barbarossa zu einer der wichtigsten Burgen ausgebaut wurde. Sehenswert ist auch der Ortskern mit seinen schönen Barockhäusern.

Bereits im 7. Jahrhundert, als Kaiserswerth noch eine Insel und vom Rhein umgeben war, gab es hier eine **Festungsanlage. Pippin der Mittlere** und seine Frau **Plektrudis** schenkten die Insel dem Benediktinermönch **Suitbertus** und so entstand schräg gegenüber der Festung auch bereits sehr früh ein **Kloster.**

Im 11. Jh. vergrößerte **Heinrich III.** die Festung und 1062 kam es in Kaiserswerth zur Entführung seines 12-jährigen Sohnes **Heinrich IV.** durch den **Kölner Erzbischof Anno II.** Heinrich IV. sollte der Nachfolger seines inzwischen verstorbenen Vaters auf dem Kaiserthron werden. Der Erzbischof brachte den Jungen nach Köln und erpresste von seiner Mutter, **Kaiserin Agnes**, die Herausgabe der **Reichsinsignien.** Er erlangte so die Regentschaft über das Heilige Römische Reich. Zwar musste Anno II. sich noch im gleichen Jahr für seine Tat rechtfertigen, doch die

KLEINE PAUSE

Biergarten „Galerie Burghof"

Im Biergarten der Galerie-Burghof, der sich gleich neben der Festung befindet, kann man gemütlich einkehren. Man sitzt unter alten Kastanien, blickt auf den Rhein und trinkt dabei sein Bier. (Achtung: Die besten Plätze sind auf dem Mäuerchen.) Es gibt auch Kleinigkeiten zu essen, so z. B. belegte Brote, Ofenkartoffeln, Flammkuchen oder Leberkäse.

139 Galerie-Burghof, Burgallee 1, Kaiserswerth, Tel. 401423, www.galerie-burghof.de, tägl. 11–1 Uhr, Küche Mo.–Fr. 13–22.45 Uhr, Sa./So. und feiertags 11–22.45 Uhr

Regierungsgewalt hielt er auch weiter in seinen Händen. Kaiserin Agnes sicherte aber für ihren Sohn die Herrschaftsansprüche und als Heinrich IV. 1065 durch die Schwertleite (eine Art Ritterschlag) mündig wurde, gelangte die Regierungsgewalt wieder in seine Hände zurück.

Unter **Kaiser Barbarossa** wurde die Kaiserpfalz im 12. Jh. dann zu einer mächtigen Festungsanlage ausgebaut und diente als Zwingburg, denn Barbarossa hatte den **Rheinzoll** von der niederländischen Stadt Thiel nach Kaiserswerth verlegt. Während der nächsten Jahrhunderte war der Ort Spielball der Mächte und **Belagerungen** durch Burgunder, Spanier, Hessen und Franzosen ausgesetzt. 1702 wurde die Burg während des **Spanischen Erbfolgekriegs** (1701–1714) erobert und geschleift. Es blieben nur Ruinen übrig, die heute noch zu sehen sind.

Schräg gegenüber der Festung befindet sich die **Suitbertus-Basilika,** die im Stil einer niederrheinischen Pfeilerbasilika errichtet und im 13. Jh. erweitert wurde. Langhaus und Querschiff stammen aus dem 11. Jh. In einem Schrein befinden sich die Gebeine des heiligen Suitbertus.

Der **Park** neben der Festung zeigt die **Bronzeskulpturen** von fünf bedeutenden Kaiserswerther Persönlichkeiten: **Herbert Eulenberg** (1876–1949) war Dichter und Schriftsteller und gehörte zur Gruppe „Das Junge Rheinland". **Caspar Ulenberg** (1549–1617) stammte aus einem evangelischen Elternhaus, trat jedoch später zum katholischen Glauben über und

empfing die Priesterweihe. Er ist der Autor eines religiösen Liederbuches, das bis ins 19. Jh. sehr beliebt war. **Friedrich Spee** (1591–1635) war Jesuit und verfasste (anonym) ein Werk gegen Hexenprozesse und Folter. **Theodor Fliedner** (1800–1864) war Pfarrer und Gründer der **ersten Diakonissenanstalt,** die Kaiserswerth in der ganzen Welt berühmt machte. Sie hatte ihren Ursprung in der Pfarrei am Mühlenturm. Später kaufte Fliedner am Kaiserswerther Markt ein Bürgerhaus, zu dem im Laufe der Zeit vier weitere kamen: ein Krankenhaus, eine psychiatrische Anstalt für Frauen, ein Haus für Gefangenenseelsorge und eine Schule.

Die letzte Bronzebüste zeigt **Florence Nightingale** (1820–1910). Der „Engel der Barmherzigen", wie sie im Krimkrieg genannt wurde, lernte und arbeitete bei Fliedner und reformierte später das englische Sozial- und Krankenhauswesen.

Schön ist auch der **Ortskern** von Kaiserswerth mit seinen Barockbauten. Vom Rhein kommend befindet sich gleich auf der linken Seite das **alte Zollhaus** (Kaiserswerther Markt Nr. 4). Von dort hielten die Zöllner Ausschau nach Schiffen. Schräg gegenüber findet sich bei Haus Nr. 11 die ehemalige **Seidenweberei von Preyers und Petersen.** Sie wurde von Kurfürst Carl Theodor gefördert und war ein wichtiger wirtschaftlicher Betrieb. Im **Schiffchen** (Kaiserswerther Markt 9) kehrt man auch heute noch gern ein. Ein Stück weiter steht an der Ecke Markt/Gernandusstraße das Gebäude der **alten Apotheke,** in dem sich heute eine Bank befindet. Direkt daneben sind die fünf Häuser zu sehen, die Theodor Fliedner zur ersten Diakonissenanstalt zusammenfasste.

Über die **Klemensbrücke** gelangt man zur U-Bahn-Haltestelle Klemensplatz. 1759 wurde die alte hölzerne Brücke vom Kölner Erzbischof Clemens August durch die heutige aus Stein ersetzt.

› www.kaiserswerth.de. Eine knapp vierzigseitige Broschüre mit Übersichtsplan von Kaiserswerth ist für 0,50 € bei den Düsseldorfer Tourismusinformationen (s. S. 120) erhältlich.
› Haltestelle: Klemensplatz, U-Bahn U79, oder (von Mai bis Oktober) mit einem Schiff der Weißen Flotte, die am Rheintor anlegt

056df Abb.: hg

◄ *Eine Fahrt auf dem Rhein von der Düsseldorfer Altstadt nach Kaiserswerth ist immer ein Genuss*

42 OBERKASSEL ★ [H15]

Der Stadtteil Oberkassel wurde 1909 eingemeindet, wodurch sich Düsseldorf auf die **linke Rheinseite** ausdehnte. Der Name kommt vermutlich von dem lateinischen Wort „Castellum", was Festung bedeutet. Aus römischer Zeit gibt es allerdings keine nennenswerten Funde.

Im Gegensatz zur anderen Rheinseite hat dieses Viertel den Zweiten Weltkrieg fast unbeschadet überstanden und so sind hier noch viele Häuser und Villen im **Gründerzeit-** und **Jugendstil** zu sehen. Die Häuser an der Rheinfront zwischen der Oberkasseler und der Rheinkniebrücke sind besonders schön und stehen unter Denkmalschutz. Ein Spaziergang am Rhein entlang lohnt sich. Oberkassel ist heute ein **exklusives Wohnviertel**, das vor allem bei den Japanern in Düsseldorf sehr beliebt ist.

Einmal im Jahr findet auf den Rheinwiesen zwischen Oberkasseler- und Rheinkniebrücke die **Kirmes** statt (s. S. 16). Sie gilt mit etwa vier Millionen Besuchern als größte Kirmes am Rhein und ist gleichzeitig Schauplatz des Schützenfestes.

› Haltestelle: Luegplatz, U-Bahn U70, 74, 75, 76, 77

43 EKO-HAUS DER JAPANISCHEN KULTUR ★★ [E12]

Das EKO-Haus ist das **kulturelle Zentrum der japanischen Gemeinde.** Es wurde 1993 gegründet und liegt idyllisch im Stadtteil Niederkassel. Die Anlage ist in einen schönen **Garten** eingebettet und besteht aus einem **buddhistischen Tempel** und in traditionellem japanischem Stil gehaltenen Räumen für **Veranstaltungen.** Hier finden regelmäßig Feste, Konzerte, Kurse in traditionellen japanischen Künsten oder Teezeremonien statt.

› Brüggener Weg 6, Tel. 5779180, www.eko-haus.de, Eintritt: 2,50 €, Schüler/Studenten 1,50 €, geöffnet: Di.–So. 13–17 Uhr (außer an Feiertagen und in den Oster-, Herbst- und Weihnachtsferien)

› Haltestelle: Heerdter Sandberg, U-Bahn U70, 76, 77, oder Niederkasseler Kirchweg, Bus 834

44 SÜDPARK ★ [M21]

Düsseldorf gilt als **Gartenstadt** und hat dafür auch bereits Preise eingeheimst. Der Südpark, einer der größten Parks, findet sich, wie der Name schon vermuten lässt, im Süden Düsseldorfs und besteht aus drei Teilen, die sehr unterschiedlich sind. Der erste Bereich heißt **Volksgarten** und wurde 1895/96 angelegt. Der Name ist dabei Programm, denn er sollte ein „Park für das Volk" sein. Aus diesem Grund ist er auch ganz anders gestaltet als der Hofgarten oder der Park um Schloss Benrath, die beide höfisches Leben repräsentierten. Der Volksgarten sollte ein Ort sein, wo die Menschen sich erholen, spazieren gehen, auf den Wiesen liegen,

ZEITFELD IM VOLKSGARTEN

Am Eingang zum Volksgarten befindet sich eine Sammlung von Uhren des Künstlers ***Klaus Rinke.*** *Sie wurden 1987 zur Bundesgartenschau aufgestellt. Es handelt sich um* ***24 deutsche Bahnhofsuhren,*** *die nach der Braunschweiger Atomuhr, der exaktesten Uhr der Welt, synchronisiert sind und daher alle exakt dieselbe Zeit anzeigen. 23 der Uhren stehen auf hohen, schmalen Füßen, eine weitere, die „Mutteruhr", liegt auf dem Boden. Nachts sind die Zeitmesser* ***beleuchtet.*** *Wenn man auf der Strecke Düsseldorf – Köln unterwegs ist, kann man die Uhren vom Zug aus sehen. Das Bizarre daran: Die Zuggäste haben im Vorbeirasen den Eindruck, dass die Uhren unterschiedliche Zeiten anzeigen. Ein Beispiel dafür, dass Zeit subjektiv wahrgenommen wird?*

picknicken und spielen konnten und so ist es bis heute geblieben. Im Sommer wird er von allen Gesellschafts- und Altersschichten und Kulturen genutzt. Es wird Ball gespielt, sich unterhalten, ein Sonnenbad genommen und gegrillt. Musiker liefern dazu die nötige Hintergrundmusik.

Der zweite Parkabschnitt, **„Vor dem Deich"** genannt, ist ein eher naturnah belassener Lebensraum mit Wiesen und Wasser. Ausgangspunkt war ein auf der Südseite gelegener Baggersee. Hier gedeiht an den Ufern eine üppige Vegetation und es nisten viele Vögel (Vogelschutzzone). Die Verbindung zwischen den beiden Teilen, dem historischen Volksgarten und dem naturnahen Bereich, heißt **„In den Gärten"**. Er zeichnet sich durch eine 600 Meter lange Wasserachse aus, entlang derer zahlreiche Themengärten arrangiert sind. Im westlichen Teil des Südparks befinden sich auch eine Spielwiese für Kinder, ein Bauernhof mit Streichelzoo sowie ein nettes Café.

› Auf'm Hennekamp, geöffnet: ganzjährig, Haltestelle: D-Volksgarten, Straßenbahn 706, 716 oder S6, S7

45 SCHLOSS BENRATH ★★

Schloss Benrath wurde 1756 bis 1773 im Süden von Düsseldorf nach Plänen von Nicolas de Pigage unter Kurfürst Carl Theodor von der Pfalz als Sommerresidenz erbaut. Das Ensemble umfasst das **Lustschloss,** den **Jagdpark**, einen **Weiher** und ein System von **Kanälen.** Es ist ein Beispiel für den Übergang vom Rokoko zum Klassizismus, gilt als bedeutsamstes **architektonisches Gesamtkunstwerk** in Düsseldorf und steht seit 1984 **unter Denkmalschutz.**

Bereits im 17. Jh. stand in Benrath ein Wasserschloss, das vom Vater Jan

▼ *Schloss Benrath im Süden von Düsseldorf entstand unter Kurfürst Carl Theodor im 18. Jh. als Sommerresidenz*

067df Abb.: © Stiftung Schloss und Park Benrath

Wellems, Pfalzgraf Philipp Wilhelm, in Auftrag gegeben worden war und 1666 fertiggestellt wurde. Es diente als Sommersitz und für die Jagd. Unter Baumeister Nicolas de Pigage wurde das alte Gebäude jedoch abgerissen und nur die Orangerie blieb erhalten.

Ursprünglich wurde das **„Maison de Plaisance"** von Kurfürst Carl Theodor für die Jagd genutzt, heute beherbergt es **drei Museen.** Das **Corps de Logis** bildet den mittleren Teil des Schlosses. Es wird von zwei **Flügelbauten** und zwei **Torhäusern** flankiert und vermittelt einen Eindruck vom höfischen Leben. Dieser Teil kann nur im Zuge einer Führung (täglich) besichtigt werden. Im Ostflügel zeigt das **Museum für Europäische Gartenkunst** seit 2002 Exponate rund um das Thema Garten und im Westflügel ist bereits seit 1929 das **Museum für Naturkunde** untergebracht. Schwerpunkt ist hier die Naturgeschichte der Niederrheinischen Bucht und des Niederbergischen Landes. Das Schloss wird auch für **repräsentative Zwecke** genutzt. So wurde 2004 hier der Staatsempfang für Königin Elisabeth II. von England ausgerichtet.

Südlich des Schlosses erstreckt sich der **Schlosspark.** Er besteht aus mehreren Gärten, die zu unterschiedlichen Zeiten (ab dem 17. Jh.) entstanden sind. Der **Spiegelweiher** wird von Bäumen und Rasenstreifen gesäumt. Östlich befindet sich die Orangerie, westlich davon ein Waldpark, der sich fast bis zum Rhein erstreckt. Ein **Kanalsystem** und ein **sternförmiges Wegenetz** durchziehen das gesamte Areal. Östlich des Schlossgebäudes befindet sich ein **Französischer Barockgarten,** westlich ein **Englischer Landschaftspark.**

› Benrather Schlossallee 100–106, Tel. 8993832, Kasse im westlichen Torhaus, www.schloss-benrath.de, geöffnet: 16. Apr.–31. Okt. Di.–So. 10–18 Uhr, 1. Nov.–15. Apr. Di.–So. 11–17 Uhr, der Park ist ganzjährig und rund um die Uhr geöffnet. Eintritt: Verbundkarte für alle Museen 10,50 € (ermäßigt 7,50 €, bis 18 Jahre frei), Corps de Logis mit Führung 7 € (ermäßigt 5 €), Museum für Europäische Gartenkunst und Museum für Naturkunde jeweils 5 € (ermäßigt 3,50 €), Eintritt in den Schlosspark frei. Die Führungen im Corps de Logis finden Di. bis So. während der Öffnungszeiten statt, Mi./Do. erst ab 13 Uhr.

› Haltestelle: Bahnhof Benrath, S6, RE1, RE5 (5 Minuten Fußweg zum Schloss), oder Schloss Benrath, Straßenbahn 701

PRAKTISCHE REISETIPPS

005df Abb.: cd

AN- UND RÜCKREISE

MIT DEM FLUGZEUG

Düsseldorf International ist nach Frankfurt und München der drittgrößte deutsche Flughafen und was Charterflüge anbelangt, sogar der größte. Er befindet sich im **Norden** der Stadt und ist gut an die **öffentlichen Verkehrsmittel** angebunden. In die Stadt kommt man am einfachsten mit den **S-Bahnen** S1 und S7, die direkt am Flughafengebäude abfahren. Ein **Bus** (Nr. 721) fährt außerdem zum Hauptbahnhof. Mit dem **Taxi** braucht man in die City ca. 10 bis 15 Minuten.

Zu **Messezeiten** fährt alle 30 Minuten ein Bus vom Flughafen (Flugsteig A) zum Messegelände (verschiedene Messeeingänge) und zurück. Fahrtzeit: max. 15 Minuten.

Der Flughafen **Düsseldorf-Weeze** liegt ca. 70 Kilometer von Düsseldorf entfernt und wird u. a. vom „Billigflieger" Ryanair angeflogen. Die Fahrt in die Stadt dauert ca. 90 Minuten. Ein Bus fährt mehrmals täglich vom Hauptbahnhof bzw. von der Messe nach Weeze und umgekehrt.

MIT DEM AUTO

Düsseldorf ist von einem dichten Autobahnnetz umgeben. Mann erreicht die Stadt über die Autobahnen A3, A44, A46, A52, A57, A59 und A524 aus allen Richtungen. Der Weg in die Innenstadt ist gut ausgeschildert.

► *Durch den U-Bahn-Bau kann es bis Ende 2014 zu Verkehrsbehinderungen kommen*

◄ *Vorseite: Viele Leute sind am Rheinufer mit dem Rad unterwegs*

MIT DEM ZUG

Der **Düsseldorfer Hauptbahnhof**, der in den 1980er-Jahren erbaut und 2009 renoviert wurde, wird regelmäßig von ICs bzw. ICEs angefahren. Er hat **zwei Ausgänge:** Der in Richtung Innenstadt heißt Konrad-Adenauer-Platz, der andere Bertha-von-Suttner-Platz. Direkt im Hauptbahnhof befindet sich auch eine **U-Bahn-Haltestelle,** von der aus man am besten in die City gelangt. Hierzu fährt man in Richtung Innenstadt/Messe (egal mit welcher Linie) und steigt an der Haltestelle „Heinrich-Heine-Allee" aus. Von dort ist sowohl die Altstadt als auch die Königsallee gut zu erreichen. Vor dem Bahnhof finden sich **Straßenbahn- und Bushaltestellen.**

Tickets für den öffentlichen Nahverkehr kann man an einem der Fahrkartenautomaten im Bahnhof bzw. an den jeweiligen Haltestellen lösen. In Straßenbahnen und U-Bahnen gibt es auch in den Fahrzeugen noch Automaten. Im Bus sind nur Einzeltickets erhältlich. Kurzstrecken (K) gelten meist für 3 Haltestellen. Mit einem Ticket für die Zone A kann man bequem im ganzen Stadtgebiet fahren.

› **www.bahn.de:** Infos zu Verbindungen und Fahrplänen der Deutschen Bahn

AUTOFAHREN

2010 haben die **Bauarbeiten** für eine neue U-Bahn-Linie (von Nord nach Süd) begonnen und sie werden bis Ende 2014 andauern. Zeitweise sind deshalb immer wieder Straßen gesperrt und es kommt zu erheblichen **Verkehrsbehinderungen.** Es ist daher ratsam, Düsseldorf möglichst ohne Auto zu erkunden, zumal die Altstadt (reine Fußgängerzone) und die

058df Abb.: hg

Stadtmitte sehr gut zu Fuß bzw. mit öffentlichen Verkehrsmitteln zu erkunden sind.

Die Düsseldorfer Innenstadt ist seit dem 15. Februar 2009 **Umweltzone**, d.h., es dürfen nur noch Fahrzeuge mit grüner oder gelber Schadstoffplakette (Feinstaubplakette) in diesen Bereich. Die Umweltzone umfasst das Gebiet innerhalb folgender Straßenzüge: Völklinger Straße, Südring, Auf'm Hennekamp, Kruppstraße, Werdener Straße, Kettwiger Straße, Dorotheenstraße, Lindemannstraße, Brehmstraße, Grashofstraße, Heinrich-Ehrhardt-Straße, Johannstraße, Kennedydamm, Homberger Straße, Cecilienallee, Joseph-Beuys-Ufer und Rheinufertunnel sowie Völklinger Straße. Die genannten Straßen begrenzen die Umweltzone, sind aber selbst kein Bestandteil davon (Infos unter www.duesseldorf.de/kfz/feinstaub).

Am besten lässt man sein Fahrzeug aber einfach an einem der **Park-and-ride-Parkplätze** in und um Düsseldorf und fährt mit Bus oder Bahn in die Innenstadt. Park-and-ride-Plätze sind z.B. die S-Bahn-Haltestellen Gerresheim, Gerresheim Krankenhaus, Südpark, Südfriedhof, Bahnhof Benrath oder Staufenplatz. Bei der Rheinbahn gibt es unter www.rheinbahn.de (Menüpunkt „Fahrplan/Liniennetz") weitere Informationen.

Wer dennoch mit dem Auto in die Stadt will oder muss, sollte auf das **Parkleitsystem** achten. 41 Parkplätze, Parkhäuser und Tiefgaragen sind an das System angeschlossen. Autofahrer erhalten über 112 über das Stadtgebiet verteilte dynamische Wegweiser Informationen, wo noch freie Plätze sind.

Falschparker werden in Düsseldorf abgeschleppt oder es werden zum Teil empfindlich hohe „Knöllchen" verteilt. In der **Altstadt** gilt deshalb von Mo. bis Fr. zwischen 9 und 18 Uhr sowie Sa. von 9 bis 16 Uhr: **Parkschein** ziehen! Je nach Stadtgebiet und Tag 0,25 bis 0,75 € pro angefangene halbe Stunde.

BARRIEREFREIES REISEN

Düsseldorf ist auch für **mobilitätseingeschränkte Personen** gut zu erkunden. Viele touristische Sehenswürdigkeiten sind barrierefrei und in fast allen Parkhäusern befinden sich Behindertenparkplätze. Der ideale Einstieg in eine **U-Bahn** ist mit einem entsprechenden **Symbol** und einer über der Tür angebrachten **Blinkleuchte** (blinkt nur bei bereits geöffneter Tür) versehen. Diese Türen befinden sich in der Mitte des Zuges. In **Straßenbahnen** eignet sich für Rollstuhlfahrer zum Einstieg die vorderste Tür. Die Türöffnungstaste weist zur Verdeutlichung ein Rollstuhlsymbol auf. In **Bussen** wird Menschen mit einer Behinderung der Einstieg durch den Einsatz von Niederflurbussen oder Klapprampen erleichtert. Einen **Linienplan** für mobilitätseingeschränkte Personen, der genau angibt, welche Haltellen rollstuhlgerecht sind, gibt es als Download unter www.rheinbahn.de (Menüpunkt „Fahrplan/Liniennetz).

Auch **blinde bzw. sehbehinderte Menschen** können Düsseldorf erkunden: Die meisten **Ampelanlagen** sind mit akustischen Signalen ausgerüstet. An diesen Ampelmasten (auf ca. 1,20 Meter Höhe) kann man auch ertasten, ob die Ampel gerade Grün oder Rot zeigt. Bei Grün vibriert das Signal. An **Haltestellen von Bus und Straßenbahn** befinden sich auf Höhe der ersten Eingangstür des Fahrzeugs im Bürgersteig eingelassene Rillenplatten. Ein **taktiler Stadtplan** für die Düsseldorfer Altstadt im Maßstab von 1:1000 bildet außerdem die wichtigsten Sehenswürdigkeiten ab. Das Bronzemodell steht auf dem Marktplatz (beim Rathaus 11). Die Sehenswürdigkeiten sind sowohl in Blindenschrift als auch mit ertastbaren Buchstaben erklärt.

Weitere Informationen zur Barrierefreiheit von Sehenswürdigkeiten, Serviceeinrichtungen, Parkplätzen, öffentlichen Verkehrsmitteln und Unterkünften findet man unter www.duesseldorf-barrierefrei.de. Dort kann auch die Broschüre **„Düsseldorf Barrierefrei“** heruntergeladen werden, in der alle Informationen zusammengestellt wurden. Die Broschüre ist auch bei den Tourist-Informationen (s. S. 120) oder per Post (Anfrage unter info@duesseldorf-tourismus.de bzw. Tel. 172020) erhältlich.

DIPLOMATISCHE VERTRETUNGEN

- •140 [H19] **Schweizerisches Generalkonsulat,** Ernst-Gnoss-Straße 25, Tel. 4588700, www.eda.admin.ch/duesseldorf, geöffnet: Mo.–Fr. 9–12 Uhr und nach Vereinbarung
- •141 [K18] **Honorarkonsulat der Republik Österreich,** Königsallee 90, Tel. 13069680, www.austria-nrw.de, geöffnet: Di.–Do. 9–12 Uhr und nach Vereinbarung

GELDFRAGEN

Düsseldorf ist eine **Großstadt** und die **Landeshauptstadt** von Nordrhein-Westfalen, das zeigt sich auch bei den Preisen. Vor allem während der **Messen** sind die **Unterkünfte** sehr teuer. Doch die Vielfalt an Hotels, Restaurants, Veranstaltungsorten, Sehenswürdigkeiten ist groß und bietet **für jedes Budget etwas.** Gute Restaurants findet man in jeder Kategorie –

DÜSSELDORF PREISWERT

060df Abb.: hg

*Mit der **Welcome Card** können Besucher der Stadt viele Vorteile nutzen. Sie beinhaltet die freie Nutzung der öffentlichen Verkehrsmittel im Stadtgebiet und ermäßigten Eintritt in viele Museen, Theater und Veranstaltungsorte. Es gibt die Karte für 24, 48 und 72 Stunden (Preis: 9, 14 und 19 €). Weitere Informationen erhält man unter www.duesseldorf-tourismus.de/duesseldorf-welcomecard. Erhältlich ist die Welcome Card in den Tourist-Informationen (s. S. 120) oder per Onlinebestellung.*

*Verschiedene Düsseldorfer **Museen** bieten an bestimmten Tagen **verbilligten** oder sogar **freien Eintritt**, z. B.:*

- ***Stadtmuseum** (s. S. 53). Der Eintritt in die Sammlung ist frei.*
- ***NRW-Forum Kultur und Wirtschaft** (s. S. 52). Jeden Freitag um 20 Uhr gibt es eine kostenlose Führung auf Deutsch.*
- *7 [J15] **K20** und **K21** 15. Jeden ersten Mittwoch im Monat ab 18 Uhr ist der Eintritt frei.*

***Kostenlose Konzerte** werden z. B. hier geboten:*

- *9 [J16] **Neanderkirche.** Von Mitte Juni bis Sept. jeden Mittwoch um 18.30 Uhr klassische Konzerte.*
- *24 [K15] **Hofgarten.** Von Mai bis September jeden Sonntag von 11 bis 12 Uhr, vor allem Weltmusik und Jazz.*

▲ *Im Sommer finden im Hofgarten 24 kostenlose Konzerte statt*

von der einfachen Imbissbude bis zum Sternerestaurant. Viele Wege in Düsseldorf sind kurz und können zu Fuß oder mit dem öffentlichen Nahverkehr zurückgelegt werden. Es muss ja nicht immer ein Taxi sein. Viele Sehenswürdigkeiten bieten außerdem zu bestimmten Zeiten ermäßigten oder sogar kostenlosen Eintritt an. Zudem gibt es eine Reihe von Veranstaltungen, wie z. B. Konzerte, die kostenlos sind.

INFORMATIONSQUELLEN

TOURISTENINFORMATION

Bei den offiziellen Informationsstellen der Düsseldorf Marketing & Tourismus GmbH erhält man alle wichtigen Informationen, Hilfe bei der Hotelzimmerbuchung, Tickets für Stadtführungen und Veranstaltungen, die Welcome Card oder auch Souvenirs.

- 142 [M17] **Tourist-Information,** Immermannstraße 65b, gegenüber dem Hauptbahnhof, geöffnet: Mo.–Sa. 9.30–19 Uhr
- 143 [J16] **Tourist-Information,** Marktstraße/Ecke Rheinstraße, Altstadt, geöffnet: Mo.–So. 10–18 Uhr, Tel. 17202844, www.duesseldorf-tourismus.de

DIE STADT IM INTERNET

- **www.duesseldorf.de** – die offizielle Website der Stadt Düsseldorf mit Informationen zur Stadt
- **www.duesseldorf-altstadt.de** – alles Wissenswerte über die Düsseldorfer Altstadt und die dortige Gastronomie
- **www.duesseldorf-tourismus.de** – Informationen zu Sehenswürdigkeiten, Unterkünften, Messebetreuung, Stadtrundfahrten und Angebote
- **www.messe-duesseldorf.de** – Daten und Fakten für Messebesucher
- **www.rheinbahn.de** – Infos zu Verbindungen und Fahrplänen im Nahverkehr. Die Rheinbahn ist in Düsseldorf für den öffentlichen Nahverkehr zuständig.
- **www.rp-online.de** – Website der Rheinischen Post mit Informationen zu Politik, Lokalem und Kultur
- **www.vrr.de** – Infos zu Verbindungen und Fahrplänen im Nahverkehr. Die Rheinbahn gehört zum Verkehrsverbund Rhein-Ruhr. Tarife und Tickets sind im gesamten VRR-Gebiet gleich.

PUBLIKATIONEN UND MEDIEN

- **PRINZ,** http://duesseldorf.prinz.de, das Stadtmagazin für Düsseldorf
- **Biograph,** www.biograph-online.de, kostenloses Heft mit Infos zu Kinoprogramm, Musik- und sonstigen Events
- **Coolibri,** www.coolibri.de, ein ebenfalls kostenloses Heft mit dem neusten Kinoprogramm und Infos zu Musik- und sonstigen Veranstaltungen
- **Rheinische Post,** www-rp-online.de, regionale Zeitung mit eher konservativer Ausrichtung
- **NRZ – Neue Rhein Zeitung (gehört zur WAZ-Gruppe),** www.nrz.de, eher links bzw. gewerkschaftlich orientiert
- **WZ – Westdeutsche Zeitung,** www.wz-duesseldorf.de, Tageszeitung, eher neutral ausgerichtet

► *Düsseldorf lässt sich auch gut mit Kindern erkunden*

INTERNET

@144 [K16] **D2_LiveC@fé,** Schadowstraße 11 (Schadow Arkaden, 1. Stock), Tel. 6004764, geöffnet: Mo.–Fr. 9.30–23 Uhr, Sa. 10–23 Uhr, So./feiertags 12–23 Uhr, 1,50 € für 30 Min.

MEDIZINISCHE VERSORGUNG

145 [L13] **Marien-Hospital Düsseldorf,** Rochusstraße 2, Tel. 44000

146 [P15] **MEDECO Zahnklinik Düsseldorf Zentrum,** Grafenberger Allee 136, Tel. 6011111

147 [L24] **Uniklinik Düsseldorf,** Moorenstraße 5, Tel. 8100

148 [M18] **Apotheke im Hauptbahnhof,** Konrad-Adenauer-Platz 14, Tel. 365626, geöffnet: Mo.–Fr. 7–20 Uhr, Sa. 8–20 Uhr

MIT KINDERN UNTERWEGS

40 [G7] **Aquazoo-Löbbecke Museum.** Die einzigartige Verbindung aus Museum und Aquarium/Terrarium ist besonders bei Kindern sehr beliebt.

149 [O24] **Café Südpark,** In den großen Banden 58, Tel. 8825844064, www.wfaa.de, geöffnet: Di.–So. 10–19 Uhr, Küche bis 18 Uhr. Der wohl familienfreundlichste Betrieb der Stadt mit Terrasse, Spielplatz und Streichelzoo und im Südpark gelegen. Im Café gibt es leckere Speisen und Getränke, im Hofladen Bio- und Naturprodukte.

› **Marionettentheater** (s. S. 43). Seit 1956 finden hier hochkarätige Inszenierungen statt. Der Spielplan bietet vom einfachen Märchen für Kinder bis hin zu „Literaturtheater" große Abwechslung für Zuschauer jeden Alters.

061df Abb.: hg

- **Puppentheater** (s. S. 43). Stücke für die ganz Kleinen ab 2 ½ Jahren und die etwas größeren Kinder (bis 11 Jahre). Die Stücke dauern meist zwischen 35 und 40 Minuten.
- **Schifffahrtmuseum** (s. S. 53). Im Burgturm befindet sich das Schifffahrtmuseum, das 2000 Jahre Rheinschifffahrt dokumentiert. In der obersten Etage befindet sich in der „Laterne" des Turms ein Café mit Blick auf den Rhein.

NOTFÄLLE

NOTRUFNUMMERN

- **Ärztlicher Notdienst:** Tel. 19292
- **Feuerwehr:** Tel. 112
- **Polizei:** Tel. 110
- **Fundbüro:** Tel. 8991 oder Tel. 8993285

AUSWEISVERLUST

Wird Bürgern der Schweiz oder Österreichs der **Ausweis gestohlen**, muss dies bei der örtlichen Polizei und der nächsten diplomatischen Vertretung des Heimatlandes (s. S. 118) gemeldet werden, um einen Ersatzreiseausweis für die Rückkehr ausgestellt zu bekommen.

KARTENVERLUST

Deutsche Kunden, die ihre **Kreditkarte, Maestro(EC)-Karte** oder ihr **Handy** verloren haben, können sie über die **zentrale Sperrnummer Tel. 116116** blockieren lassen. Dafür sollte man allerdings die jeweiligen Kartennummern zur Hand haben.

Für **Österreicher und Schweizer** wird dieser Service vorerst nicht angeboten, deshalb sollte man sich vor der Reise über die jeweiligen Sperrnummern informieren.

ÖFFNUNGSZEITEN

Kaufhäuser und **größere Geschäfte** in der Stadt haben von Mo. bis Sa. meist bis 20 Uhr geöffnet, **kleinere Läden** bzw. Geschäfte **außerhalb des Stadtzentrums** dagegen oft nur bis 18 Uhr. Sonntags sind Kaufhäuser und Geschäfte geschlossen.

RADFAHREN

Die Stadt arbeitet kontinuierlich daran, Radfahren in Düsseldorf sicherer und attraktiver zu machen und das Radnetz auszudehnen. 2007 wurde Düsseldorf das Prädikat **„Fahrradfreundliche Stadt"** verliehen. Umweltverbände sehen das allerdings eher ambivalent, denn nach wie vor legt die Stadt vor allem Wert darauf, die Situation für Autofahrer zu verbessern.

Besonders schön ist eine **Radtour** den Rhein entlang – vom Medienhafen über die Altstadt nach Kaiserswerth. Die Stadt hat eine Reihe von **Informationen und Broschüren** veröffentlicht, die das Radfahren in Düsseldorf erleichtern sollen. So werden unter dem Namen **„Tour D"** Routen für Radtouren empfohlen, die unter www.duesseldorf.de/verkehrsmanagement/radverkehr heruntergeladen werden können. Die „Tour D Nr. 07" führt z. B. einmal quer durch die Innenstadt nach Oberkassel und (wer möchte) weiter nach Lörick. Die Broschüren sind in den Tourist-Informationen erhältlich.

- **150** [G16] **Fahrradverleih Price Düsseldorf**, Düsseldorfer Straße 36, www.fahrradverleih-duesseldorf.de, Tel. 5590635, geöffnet: Mo.–So. 9–11 Uhr, 16.30–18 Uhr, Preise: 10 € pro Tag, 40 € pro Woche

MEINE LITERATURTIPPS

- ***Peter Eickhoff, „111 Düsseldorfer Orte, die man gesehen haben muss"***, *Hermann-Josef Emons Verlag, 2009. Links Text, rechts ein Foto – so ist das Buch aufgebaut und vermittelt dem Leser einen schnellen Überblick über 111 der interessantesten Plätze Düsseldorfs. Die Texte lesen sich leicht und flüssig und die Fotos zeigen auch für Düsseldorfer so manch ungewohnte Perspektive eines bekannten Ortes. Sowohl Museen, als auch besonders schöne Gebäude, Parks und Details von Sehenswürdigkeiten sind abgebildet. Für Düsseldorfliebhaber, die Düsseldorf bereits kennen oder sich ein Souvenir von dieser schönen Stadt mitbringen wollen.*
- ***Alexander Scherer (Autor) und Maik Kopleck (Hrsg.), „PastFinder Düsseldorf"***, *PastFinder Limited, Hongkong, 2008. Der Schwerpunkt dieser Reihe von Stadt- und Reiseführern liegt auf der jüngsten Vergangenheit. In verschiedene Stadtviertel aufgeteilt, vermittelt das Buch viel über historisch bedeutsame Orte seit 1933. Auch Außenbezirke und das Umland werden vorgestellt.*
- ***Elisabeth Mick, „Mit der Maus durch Düsseldorf"***, *J. P. Bachem Verlag, 2008. Eine Stadtgeschichte für Kinder, die einfach und spannend Düsseldorf präsentiert – und das natürlich zusammen mit der Maus, der beliebten Fernsehfigur. Für Kinder und auch (jung gebliebene) Erwachsene ein Vergnügen.*
- ***Fritz Dross, „Kleine Düsseldorfer Stadtgeschichte"***, *Verlag Friedrich Pustet, 2007. Auf 150 Seiten erfolgt ein kurzer Abriss über die Geschichte Düsseldorfs.*
- ***Horst Eckert, „Königsallee"***, *Grafit Verlag, 2008. Der Autor, der viele Jahre als Fernsehreporter tätig war, hat sich den Krimis verschrieben und sein „Tatort" ist Düsseldorf. Eckert lebt seit vielen Jahren in der Rheinmetropole und wurde für seine Werke bereits mehrfach ausgezeichnet. In „Königsallee" geht es um Politik und Korruption. Wer mehr über den Autor wissen möchte, findet Informationen unter www.horsteckert.de.*
- ***Susanne Püschel, „Der Zeitenwandler und das magische Pergament"***, *Droste Verlag, 2008. Zwei Düsseldorfer Kinder werden durch eine Zeitreise an den Hof von Kurfürst Jan Wellem versetzt und kommen einer gefährlichen Verschwörung auf die Spur. Die Autorin schafft es, Kinder in ihren Bann zu ziehen und ihnen auf spielerische Art Geschichte nahezubringen.*
  In weiteren Büchern werden der Schlossturm und die Königsallee näher untersucht.

- **nextbike**, www.nextbike.de, Tel. 03069205046, Preise: 1 Stunde 1 €, 24 Stunden ab 5 €. Bei diesem deutschlandweiten Fahrradverleih muss man sich einmal registrieren und kann dann in verschiedenen Städten Fahrräder ausleihen. Die Registrierung ist bei der ersten Ausleihe oder online möglich. Die Räder stehen rund um die Uhr an zentralen Plätzen. One-way-Farradverleih: Man gibt das Rad einfach am nächst gelegenen Nextbike-Standort wieder ab.

SCHWULE UND LESBEN

Düsseldorf ist eine weltoffene Stadt und Schwule und Lesben finden hier vielfältige Möglichkeiten der Freizeitgestaltung wie Cafés, Veranstaltungen, Sportvereine, aber auch Informationsstellen.

- 152 [J20] **Café Piranha** €€, Bilker Allee 110, Unterbilk, Tel. 17803156, www.cafepiranha.de, geöffnet: Mo.–Do. 19–1 Uhr, Fr./Sa. 19–3 Uhr. In der Café-Bar Piranha – der „Bar mit Biss" – treffen sich Lesben, Schwule und ihre Freunde. Es finden auch regelmäßig Veranstaltungen wie Partys statt.
- 153 [L17] **Café Seitensprung** €, Grupellostraße 5, www.cafe-seitensprung.de, geöffnet: Di.–Sa. ab 18 Uhr, So. Sept.–März ab 15 Uhr, Apr.–Aug. ab 18 Uhr. Beliebter Szenetreff für Schwule und Lesben. Von September bis März findet sonntags ab 15 Uhr die „Tortenschlacht" statt: Es gibt frisch gebackene Kuchen und Torten.
- 154 [O20] **Hotel am Volksgarten** €€, Flügelstraße 46, Tel. 725050, Fax 724680, www.hotel-am-volksgarten.de. Ein persönlich gestaltetes und gayfreundliches „Art & Boutique Hotel" nicht weit vom Volksgarten. Zum Frühstück gibt es ein reichhaltiges Buffet.
- › In den Tourist-Informationen **(s. S. 120)** ist eine Broschüre mit vielen weiteren Infos für Schwule und Lesben erhältlich, der sogenannte **„GayGuide"**. Die Broschüre ist unter www.duesseldorf-tourismus.de/schwule-und-lesben auch als Download verfügbar.

▼ *Die „HopOn HopOff Citytour" führt vom Hauptbahnhof über die Altstadt in den Medienhafen (s. S. 98) und auf die andere Rheinseite nach Oberkassel* 42

062df Abb.: hg

STADTTOUREN

› Die offiziellen **Tourismus-Büros** der Stadt bieten Stadttouren und -führungen wie z. B. einen Altstadtrundgang inkl. Schiffstour an. In den Tourist-Informationen (s. S. 120) gibt es außerdem Informationen zu den täglich angebotenen Busrundfahrten – z. B. Stadtrundfahrt inkl. Auffahrt auf den Rheinturm oder „HopOn HopOff CityTour".

› **Düsseldorf entdecken,** Tel. 5988295, www.duesseldorf-entdecken.de. Die Stadtführerin und Autorin dieses Buches, Christine Krieb, bietet Stadtführungen und Erlebnistouren an. Besonders beliebt sind die Stadtführungen mit kulinarischen Kostproben.

› **Fotografische Führungen,** Flurstraße 3, Tel. 01785367616, www.pufleb.de. Der Fotograf und Künstler Robert Pufleb bietet Führungen durch die Stadt an. Wer die Stadt fotografisch entdecken will, kann hier Tipps vom Profi bekommen. Die Touren finden nur nach Vereinbarung statt.

•155 [I16] **KD,** Rheinuferpromenade (Schlossufer), Tel. 3239263, www.k-d.com, Anfang April–Ende Oktober tägl. 10.30, 12, 14 und 18 Uhr und tägl. 15.30–17.30 Uhr Kaffeefahrt. Schiffsausflüge zwischen Medienhafen, Altstadt und Messe. An Bord werden die Sehenswürdigkeiten erklärt.

•156 [I16] **Weiße Flotte,** Rathausufer/Pegeluhr, Tel. 326124 (während der Hauptsaison), www.w-flotte.de. Panoramafahrt zwischen Rathausufer/Pegeluhr in Richtung Medienhafen und weiter rheinabwärts bis Theodor-Heuss-Brücke (und wieder) von Frühjahr bis Herbst Mo.–Fr. 13 Uhr, Sa./So./feiertags 12 Uhr. Linienfahrt (ca. eine Stunde) zwischen Düsseldorf und Kaiserswerth ab Rathausufer: Ende März–Mitte Oktober Mo.–Fr. 12 und 15 Uhr, Sa./So./feiertags 11, 12, 14, 15 und 17 Uhr, Nebensaison (Mitte/Ende Oktober–Ende März) Di.–So. 12 und 15.30 Uhr. Bitte die genauen Daten, wann die Haupt- bzw. Nebensaison beginnt/endet, erfragen (ganzjährig unter Tel. 308672), denn die Zeiten variieren jedes Jahr.

UNTERKUNFT

Düsseldorf ist eine **Messestadt** und daher sind die Preise für Unterkünfte an vielen Terminen recht hoch und die günstigen Hotels sind dann bereits lange im Voraus ausgebucht. **Preiswerte Alternativen** sind Hostels, Jugendherbergen, private Zimmer oder die Mitwohnzentrale. Informationen, wann Messen stattfinden, findet man unter www.messe-duesseldorf.de. **Außerhalb von Messezeiten** gibt es aber auch in Düsseldorf gute Hotels bereits zu günstigen Preisen.

Informationen über Unterkünfte und die Möglichkeit zur Buchung gibt es z. B. bei den **Tourist-Informationen** (s. S. 120). Man kann aber auch online unter www.duesseldorf-tourismus.de/uebernachtung/hotels-und-pensionen oder telefonisch unter Tel. 17202851 buchen.

HOTELS

157 [P14] **Hotel Achenbach** €€, Achenbachstraße 17, Tel. 669090, Fax 6801013, www.hotel-achenbach.de. Eine schöne alte Villa im exklusiven Zooviertel mit nur 16 Zimmern, die alle in viktorianischem Stil eingerichtet sind. Das Hotel ist mit öffentlichen Verkehrsmitteln gut zu erreichen, ruhig gelegen und wurde 2009 komplett renoviert. Umfangreiches Frühstücksbuffet.

158 [K14] **Hotel am Hofgarten** €€, Arnoldstraße 5, Tel. 491990, Fax 4919949, www.hotel-am-hofgarten.de. Das Hotel

PREISKATEGORIEN BEI HOTELS

Die angegebenen Preiskategorien beziehen sich auf Doppelzimmer inkl. Frühstück. Bei manchen Unterkünften kann Frühstück aber optional gewählt werden. Der Preis dafür ist dann extra angegeben.

€	bis 70 €
€€	70 bis 130 €
€€€	130 bis 180 €

liegt nur einen Katzensprung vom Hofgarten, dem schönsten Park Düsseldorfs, entfernt. Zu Fuß sind es nur ca. 10 Minuten in die Altstadt. Insgesamt 24 Zimmer in zwei Kategorien – Standard und Comfort. Einige verfügen über Betten in Überlänge. Umfangreiches Frühstücksbuffet.

159 [L14] **Hotel Berial** €, Gartenstraße 30, Tel. 4900490, Fax 49004949, www.hotelberial.de. Das Hotel mit 40 Zimmern (insgesamt 59 Betten) liegt verkehrsgünstig nicht weit von Schloss Jägerhof bzw. dem Hofgarten entfernt. Zur Altstadt und zum Rhein sind es nur ein paar Minuten. Reichhaltiges Frühstücksbuffet.

160 [N17] **Hotel Friends** €€, Worringer Straße 94–96, www.hotel-friends-duesseldorf.de, Tel. 1793090, Fax 17930919. Nicht weit vom Bahnhof entfernt bietet das Hotel Friends 39 Zimmer auf 6 Etagen. Jede Etage ist unterschiedlich gestaltet und kein Raum sieht aus wie der andere. Mal wohnt man puristisch, mal klassich, mal eher barock. Es gibt die Zimmer in drei Kategorien – friends, good friends und best friends – und auch besonders gestaltete Räume für Paare oder Alleinerziehende mit Kind. Frühstück ist für 9,60 € optional buchbar.

161 [J21] **Hotel Karolinger** €, Karolingerstraße 104, Tel. 330017, Fax 330019, www.hotel-karolinger.com. Schönes Jugendstilhaus im Stadtviertel Unterbilk mit 15 Zimmern (21 Betten). Die Düssel fließt direkt vor dem Gebäude. In Fußnähe befinden sich viele Kneipen und Restaurants.

162 [I17] **Hotel Orangerie** €€€, Bäckergasse 1, Tel. 866800, Fax 8668099, www.hotel-orangerie-mcs.de. Ein Juwel mit klassizistischer Fassade in der Altstadt direkt am Spee'schen Palais. Gleich neben der alten Orangerie und in einem Teil der Altstadt ohne Durchgangsverkehr. Es gibt nur acht Doppel- und 19 Einzelzimmer. Stilvoll eingerichtet – eine Kombination aus modern und alt.

163 [J16] **Hotel St. Andreas** €€€, Andreasstraße 13, Tel. 13068400, Fax 13068429, www.hotel-sankt-andreas.

065df Abb.: hg

Zentraler kann man nicht wohnen: Vom Hotel St. Andreas blickt man direkt auf die Neanderkirche 9

de. Nach vorne präsentiert sich das Hotel als Gasthaus „Benders Marie", ein Traditionslokal, das vor allem für seine Muscheln bekannt ist. 2003 wurde auf die Gaststätte ein Hotel mit 12 Zimmern „gesetzt". Nach einem der Zimmer fragen, die nach hinten hinaus zeigen, denn diese haben einen Balkon und sind mit Blick auf die Neanderkirche.

164 [I19] **Kastens Hotel** €€, Jürgensplatz 52, Tel. 30250, Fax 3025110, www.kastens-hotel.de. Das Hotel liegt an der Verlängerung der Lorettostraße, der Einkaufsstraße in Unterbilk mit seinen kleinen Boutiquen, Cafés und Restaurants. Damit ist man nur ein paar Minuten Fußweg vom Medienhafen, der Rheinuferpromenade und der Altstadt entfernt. 50 moderne, freundliche Zimmer, die meisten in farbenfrohem Design. Bei schönem Wetter kann man sich auf der Terrasse entspannen.

165 [J14] **Meliã Hotel** €€€, Inselstraße 2, Tel. 522840, Fax 522842199, www.melia-dusseldorf.com/de. Ein neues modernes Hotel in avantgardistischem Design, das erst im Oktober 2009 eröffnet wurde. Es liegt direkt am Hofgarten und verfügt über 201 Zimmer auf zehn Etagen. In wenigen Minuten gelangt man zu Fuß in die Altstadt und weiter an den Rhein. Die Zimmer sind geräumig und komfortabel ausgestattet. Da die Zimmer zur Hauptstraße etwas hellhörig sind, besser nach einem Zimmer hinten raus fragen. Zum Hotel gehören die Purple-Lounge und das AQUA Restaurant sowie ein großzügiger Wellnessbereich.

166 [L17] **Pension Bratmann** €, Grupellostraße 4, Tel. 362615, Fax 353909, www.pension-bratmann.de. Kleine Pension mit 16 Zimmern und insgesamt 26 Betten. Mitten in der Altstadt gelegen. Hunde sind willkommen (6 € Aufpreis).

167 [L12] **Stadthotel Düsseldorf im Kolpinghaus** €€, Blücherstraße 6, Tel. 61703300, Fax 61703400, www.stadthotel-duesseldorf.de. Insgesamt 43 modern und funktional eingerichtete Zimmer. Für längere Aufenthalte stehen auch Appartements mit Küche zur Verfügung.

168 **Villa Verde** €€, Bockumer Straße 26, www.hotelvillaverde.de, Tel. 401697, Fax 4080440. Kleines Landhotel mit 25 Zimmern (insgesamt 54 Betten) in farbenfrohem Design. Etwas außerhalb mitten in der Natur gelegen und doch sind es nur wenige Meter zur nächsten U-Bahn-Station. Frühstücksbuffet für 12 € optional buchbar.

JUGENDHERBERGE/HOSTEL

•169 [K19] **Backpackers-Düsseldorf** €, Fürstenwall 180, Tel. 3020848, Fax 3020858, www.hostel-duesseldorf.de. Das Hostel verfügt über insgesamt 60 Betten und ist zentral gelegen.

066df Abb.: hg

Das Hotel Orangerie liegt neben dem Stadtmuseum in der Carlstadt

EXTRATIPP

Privatzimmer

- Unter www.duesseldorf-tourismus.de/uebernachtung/privatzimmer vermittelt die Düsseldorf Marketing und Tourismus GmbH private Gästezimmer. Vor allem während der Messezeiten sind hier günstige Unterkünfte buchbar.
- Auch die **Mitwohnzentrale** bietet preiswerte Zimmer bzw. Wohnungen an (Tel. 6016291, www.bed-and-breakfast.de).

•**170** [M18] **CVJM** €, Graf-Adolf-Straße 102, Tel. 172850, Fax 1728544, www.cvjm-duesseldorf.de. Der christliche Verein junger Menschen liegt direkt am Bahnhof. Insgesamt 38 Zimmer mit 48 Betten.

171 [G16] **Jugendherberge** €, City Hostel, Düsseldorfer Straße 1, Oberkassel, www.duesseldorf.jugendherberge.de, Tel. 557310, Fax 572513. Die Jugendherberge wurde Ende 2008 komplett renoviert. Die 96 Zimmer (368 Betten), davon 25 Doppelzimmer, sind hell und freundlich eingerichtet. Es gibt ein hauseigenes Bistro und eine Gartenterrasse. Die Unterkunft befindet sich in Oberkassel auf der anderen Rheinseite (schräg gegenüber der Altstadt bzw. dem Medienhafen) und ist mit öffentlichen Verkehrsmitteln gut zu erreichen.

CAMPINGPLÄTZE

△**172** [B9] **Campingplatz Düsseldorf-Lörick,** Niederkasseler Deich 305, Tel./Fax 591401, Mobil-Tel. 0171 7103029, www.duesselcamp.de, geöffnet: ganzjährig. Stellplatz pro Tag: Caravan (bis 6,50 m) 8 €, Wohnmobil (bis 6,50 m) 9 €, Zelt 6 €, zzgl. Strom und Müllentsorgung. Personen 3,50 € (bis 12 Jahre 1,50 €), Strom 3 €. Hunde erlaubt (3 €). Bei Events oder Messen Pauschalpreis für Caravan/Womo/Zelt inkl. 2 Pers. 24 €, Pkw 6 €. Schön in den Rheinauen gelegen mit Blick zum Hafen.

△**173 Campingplatz Zweckverband Unterbacher See,** Kleiner Torfbruch 31, Unterbach, Tel. 8992038, Fax 89929579, www.unterbachersee.com, geöffnet: 1. April–30. Oktober. Stellplatz pro Tag: Wohnwagen/-mobil (max. 7 m Länge) oder Zelt 12,50 € inkl. Strom, kleineres Zelt 6,60 € ohne Strom, Personen pro Tag: 6–13 Jahre 3,30 €, ab 14 Jahre 5,50 €. Am Unterbacher See gelegener Campingplatz mit 65 Touristenplätzen. Modernes Sanitärgebäude, Kiosk und Fahrradverleih. Vom Campingplatz besteht unmittelbarer Zugang zum Strandbad (Benutzung in der Stellplatzgebühr inklusive). Hunde nicht gestattet.

△**174** [E7] **Caravan-Center Messe Düsseldorf,** Stockumer Kirchstraße 61, Parkplatz 1, Feld Nr. 13, Stockum, Tel. 4560136, Fax 4560668, www.messe-duesseldorf.de (Menüpunkt „Service/Services für Besucher/Service-ABC"), geöffnet: nur bei bestimmten Messen. Caravan-Center für Wohnwagen und Wohnmobile in der Nähe der Messe. 600 Plätze mit, 1200 ohne Strom. Während der Messezeiten pendelt ein Shuttlebus zwischen dem fünf Gehminuten entfernten Messegelände und dem Caravan-Center.

SICHERHEIT

Düsseldorf weist kein besonders hohes Gefahrenpotenzial auf und es sind daher ähnliche **Sicherheitstipps** zu beherzigen, wie sie auch für andere deutsche Städten gelten.

Man sollte vor allem in Menschenmengen gut auf seine Wertsachen aufpassen, denn wie überall treiben

063df Abb.: hg

auch in Düsseldorf **Trick- und Taschendiebe** ihr Unwesen. **Autofahrer** sollten keine Wertsachen im Wagen lassen – auch keine Navigationsgeräte oder Notebooks –, **Radfahrer** ihr Fortbewegungsmittel immer mit einem guten Schloss an Masten anketten.

Die Gegend rund um den **Bahnhof** ist nicht besonders einladend. Gegenüber dem Bahnhofsgebäude (Ausgang Konrad-Adenauer-Platz) befinden sich auch die Busstationen und hier halten sich – fast rund um die Uhr – **Obdachlose** auf. Aufgrund des konsumierten Alkohols wird dabei die Diskussion zwischen den einzelnen Personen ab und zu etwas lauter. Auch wenn hier bisher nichts passiert ist, fühlt sich der Gast doch manchmal nicht so ganz wohl in seiner Haut.

175 [J16] **Polizeiwache Stadtmitte (Altstadt),** Heinrich-Heine-Allee 17, Tel. 8709112

VERHALTENSTIPPS

- Für manche ist es Spaß, für einige jedoch auch Ernst: Zwischen **Düsseldorf und Köln** besteht eine **Rivalität,** die auf die Stadterhebung von 1288 zurückgeht. Vor allem in den Hofbrauereien sollte man aufpassen: In Düsseldorf wird Alt getrunken, also auf keinen Fall ein Kölsch bestellen.
- Die direkte Art in den **Hausbrauereien** kann manchem Gast etwas forsch vorkommen. Die Köbesse (Kellner) sind nicht unbedingt für ihre Höflichkeit bekannt und etwas salopp auch schnell beim „Du“. Man sollte hier nicht jedes Wort auf die Goldwaage legen. Überhaupt sind Hausbrauereien ein Ort, wo der Gast schnell mit anderen ins Gespräch kommt.

VERKEHRSMITTEL

STRASSENBAHN, U-BAHN, BUS

Für den öffentlichen Nahverkehr in Düsseldorf ist die **Rheinbahn** zuständig, die zum **Verkehrsverbund Rhein-Ruhr** gehört. Im gesamten VRR-Raum sind die Tarife und Tickets gleich. Man erhält die **Tickets** für den öffentlichen Nahverkehr an den **Fahrkartenautomaten** der Haltestellen oder auch in den **Kundencentern** der Rheinbahn. In den **Straßen- und U-Bahnen** gibt es auch in den Fahrzeugen noch Automaten. Im **Bus** sind nur Einzeltickets erhältlich. Letztere sind bereits entwertet, alle anderen Tickets müssen an den Eingängen zur

◄ *Düsseldorfs Altstadtgassen sind gespickt mit Hausbrauereien, in denen es manchmal etwas rustikaler zugeht*

006df Abb.: hg

U-Bahn-Haltestelle bzw. in den Straßenbahnen noch **abgestempelt** werden. **Kurzstreckentickets (K)** gelten nur für eine begrenzte Anzahl von Haltestellen (meist 3). Bis wohin genau, ist an der jeweiligen Haltestelle ausgewiesen. Mit einem Ticket für die **Zone A** kann man im ganzen Stadtgebiet fahren. Besonderer Service in der Nacht: Über Funk kann der Straßenbahn- oder Busfahrer einem ein Taxi an die Haltestelle rufen.

- **Rheinbahn KundenCenter,** Heinrich-Heine-Allee, in der U-Bahn-Haltestelle, 1. UG, Tel. 5822477, www.rheinbahn.de, geöffnet: Mo.–Fr. 7.30–19 Uhr, Sa. 9–14 Uhr
- **Rheinbahn KundenCenter,** Hauptbahnhof, Immermannstraße 65 a–d, Tel. 5824904, geöffnet: Mo.–Fr. 8–19 Uhr, Sa. 9–14 Uhr
- Infos zu Verbindungen und Fahrplänen erhält man auch unter **www.rheinbahn.de** und **www.vrr.de.**

▲ *Rund um das Schwanenhaus im Hofgarten* (24) *kann man viele Wasservögel beobachten*

TAXI

Taxis findet man in Düsseldorf wie überall sonst auch an den **zentralen Plätzen** oder man kann sie auf der Straße **heranwinken.** Wer ein Taxi **telefonisch** bestellen möchte, kann dies zum Beispiel unter Tel. 33333 oder Tel. 212121 tun.

WETTER UND REISEZEIT

In Düsseldorf gibt es relativ **warme Sommer** und eher **milde Winter.** Im Winter liegen die Temperaturen durchschnittlich bei 0 bis 4 °C. Im Sommer kann es tagsüber bis zu 30 °C heiß werden – mit lauen Nächten. Die Stadt hat zu jeder Jahreszeit etwas zu bieten. Im Februar/März findet der **Karneval** statt. **Ab Mitte April** beginnt dann die **Hauptreisezeit,** die bis Ende Oktober geht. Es gibt während dieser Zeit zahlreiche kulturelle Veranstaltungen und in der Vorweihnachtszeit (ab Mitte November) lockt der Weihnachtsmarkt wieder viele Besucher in die Stadt.

ANHANG

068df Abb.: hg

sound trip
in cooperation with
piranha
Musik im
Reise Know-How Verlag
Reise Know-How
East Africa
Northern Africa
South Africa
The Andes
Argentina
Australia
The Balkans
Baltic States
Barbados
Oriental Belly Dance
Northeast Brazil
Canada
Chile
China
Colombia
Cuba
Finland
Iceland
India
Ireland
Israel
Japan
Mexico
New Zealand
Norway
Russia, St. Petersburg
Scotland
Switzerland
Turkey
Uruguay
Die Compilations der CD-Reihe sound trip stellen aktuelle, typische Musik eines Landes oder einer Region vor.
Im Buchhandel erhältlich | Unverbindl. Preisempf.: EURO 15,90 [D]
Kostenlose Hörprobe im Internet.
www.reise-know-how.de

REGISTER

LEGENDE DER KARTENEINTRÄGE

- 1 [I16] Burgplatz mit Schlossturm S. 70
- 2 [J16] Radschlägerbrunnen S. 72
- 3 [J16] Stadterhebungsmonument S. 73
- 4 [J15] St. Lambertuskirche S. 73
- 5 [J15] Ratinger Straße S. 74
- 6 [J15] Lieferhaus S. 75
- 7 [J15] K20 – Kunstsammlung Nordrhein-Westfalen S. 75
- 8 [J16] St. Andreaskirche S. 76
- 9 [J16] Neanderkirche S. 77
- 10 [J16] Heinrich-Heine-Geburtshaus S. 78
- 11 [J16] Rathaus und Jan-Wellem-Denkmal S. 80
- 12 [J17] Carlsplatz S. 82
- 13 [I17] St. Maximiliankirche S. 83
- 14 [J17] Palais Wittgenstein S. 84
- 15 [J19] K21 – Kunstsammlung Nordrhein-Westfalen S. 84
- 16 [I16] Rheinuferpromenade S. 85
- 17 [J15] Kunstakademie S. 88
- 18 [I14] Oberkasseler Brücke S. 88
- 19 [J14] Tonhalle S. 89
- 20 [J14] Ehrenhof S. 89
- 21 [J16] Wilhelm-Marx-Haus S. 90
- 22 [J16] Carsch-Haus S. 90
- 23 [K16] Deutsche Oper am Rhein S. 91
- 24 [K15] Hofgarten S. 91
- 25 [K15] Theatermuseum S. 93
- 26 [L15] Schloss Jägerhof und Goethe-Museum S. 93
- 27 [L15] Malkasten und Villa Pempelfort S. 94
- 28 [K16] Drei-Scheiben-Haus S. 95
- 29 [K17] Berliner Allee S. 96
- 30 [K16] Johanneskirche S. 96
- 31 [K17] Justizministerium S. 97
- 32 [K17] Königsallee S. 97
- 33 [K17] Apollo Varieté Theater S. 100
- 34 [H18] Landtag S. 100
- 35 [H18] Rheinturm S. 101
- 36 [H19] Stadttor S. 102
- 37 [G19] Gehry-Bauten S. 103
- 38 [J12] Golzheimer Friedhof S. 106
- 39 [J8] Nordfriedhof S. 106
- 40 [G7] Nordpark mit Aquazoo-Löbbecke Museum S. 107
- 42 [H15] Oberkassel S. 111
- 43 [E12] EKO-Haus der japanischen Kultur S. 112
- 44 [M21] Südpark S. 112

- 1 [K16] Galeria Kaufhof S. 21
- 2 [K16] Kö-Center S. 21
- 3 [K17] Kö-Galerie S. 21
- 4 [K16] Schadow-Arkaden S. 21
- 5 [K17] SEVENS S. 21
- 6 [K17] Stilwerk S. 21
- 7 [K17] WZ-Center S. 21
- •8 [L16] Citystrand Düsseldorf S. 21
- 9 [J16] Gewürzladen Vogel S. 21
- 10 [J16] Killepitschstube Et Kabüffke S. 22
- 11 [J17] Senfladen S. 22
- 12 [J17] Hinkel-Bäckerei S. 22
- 13 [P15] Il Mugello S. 23
- 14 [J17] Kaffeereich S. 23
- 15 [P16] Markt am Hermannplatz S. 23
- 16 [H20] bedacht S. 23
- 17 [K16] Eickhoff Mode S. 23
- 18 [P15] funky kleidsam S. 23
- 19 [P15] Hausfreund S. 23
- 20 [J16] Jades S. 23
- 21 [J16] Norman Icking S. 24
- 22 [P15] URSBOB S. 24
- 23 [K16] Mayersche Droste S. 24
- 24 [J19] Stern-Verlag S. 24
- 25 [J16] Walther König S. 24
- 26 [P15] Atelier Angela „Spook" S. 24
- 27 [P15] Blattgold S. 25
- 28 [P15] Blumenladen Dornrose S. 25
- 29 [H19] Daumenschale Keramik S. 25
- 30 [J16] Jeck und Jedöns S. 25

31 [M17] Kyoto Japan Art Deco S. 25
32 [K17] Manufactum S. 25
33 [J17] Brauerei Zum Schiffchen S. 28
34 [I12] Canoo S. 28
35 [I16] En de Canon S. 28
36 [J16] Fischhaus S. 28
37 [J15] Im Füchschen S. 28
38 [J16] Im Goldenen Kessel S. 28
39 [I13] Rheinterrasse S. 28
40 [J16] Uerige S. 29
41 [J16] Weinhaus Tante Anna S. 29
42 [J16] Zum Schlüssel S. 29
43 [N15] Bar Olio S. 30
44 [H19] D'Vine S. 30
45 [M13] Em Brass S. 30
46 [L18] Essbar S. 30
47 [G19] Gehry's S. 31
48 [I20] Güzel Voyage S. 31
49 [J17] Jeronimos S. 31
50 [I17] Klosterhof Bistro im Maxhaus S. 31
51 [M15] Les Halles S. 31
52 [G19] Meerbar S. 32
53 [J18] Monkey's West S. 32
54 [J15] Op de Eck S. 32
55 [J15] Parlin S. 32
56 [G19] Roberts Bistro S. 32
57 [J16] San Leo S. 32
58 [M16] Sascha S. 33
59 [K17] Victorian Restaurant S. 33
60 [P15] Vitale S. 33
61 [K13] Die Kurve S. 33
62 [P15] Hashi S. 33
63 [J20] Khanh's Lilly S. 34
64 [M14] Kirti's Dhaba S. 34
65 [P16] Luang Prabang S. 34
66 [O16] Zazie S. 34
67 [L17] Bakery My Heart S. 34
68 [L16] Kikaku S. 35
69 [P15] Misaki S. 35
70 [L16] Naniwa Noodles & Soups S. 35
71 [L16] Naniwa Sushi & more S. 35
72 [M17] Relax Bar und Café S. 35
73 [I16] Alte Bastion S. 35
74 [J16] Bazzar S. 36
75 [I19] Bernstein & Inbar S. 36
76 [O15] Café Hüftgold S. 36
77 [Q15] Café Rekord S. 37
78 [G19] Curry S. 37
79 [J16] Gut & Gerne Schokoladencafé S. 37
80 [K16] Konditorei Heinemann S. 37
81 [P15] Nordmanns Eisfabrik S. 38
82 [J16] Pia S. 38
83 [J16] Qüche S. 38
84 [J15] Zum goldenen Einhorn S. 38
85 [J18] sattgrün S. 38
86 [Q15] sattgrün S. 38
87 [L11] Mangold S. 39
88 [M13] Steakhouse Düsseldorf S. 39
89 [F19] 3001 S. 40
90 [I20] Bar Alexander S. 40
91 [J21] Bar Alexandra S. 40
92 [M9] Koyote S. 40
93 [R19] Stahlwerk S. 41
94 [K18] Forum Freies Theater e. V. (FFT) S. 42
95 [J16] Kom(m)ödchen S. 42
96 [L17] Komödie S. 42
97 [K17] Kulturforum S. 42
98 [J17] Marionettentheater S. 43
99 [L19] Puppentheater S. 43
100 [L18] Savoy Theater S. 43
101 [L15] Schauspielhaus S. 43
102 [H14] Theater an der Luegallee S. 43
103 [J18] Destille S. 43
104 [P15] Theater Flin S. 43
105 [P19] Zakk S. 43
•106 [K16] Heinersdorff Ticketverkauf S. 44
•107 [K18] Ticketshop Kautz S. 44
108 [N17] Capitol S. 44
109 [K23] Jazzschmiede S. 44
110 [J14] Robert Schumann Saal S. 44
111 [J16] Akademie Galerie S. 48
112 [I17] Filmmuseum S. 48
113 [I16] Haus des Karnevals S. 49
114 [J17] Heinrich-Heine-Institut S. 49
115 [J17] Schumann-Gedenkstätte S. 49

Legende der Karteneinträge

116 [I17] Hetjens-Museum für Keramik S. 50
117 [D14] Julia Stoschek Collection S. 50
118 [I18] KIT – Kunst im Tunnel S. 51
119 [J16] Kunsthalle und Kunstverein S. 51
120 [J16] Mahn- und Gedenkstätte S. 51
121 [J14] museum kunst palast S. 52
122 [J14] NRW-Forum Kultur und Wirtschaft S. 52
123 [I16] Schifffahrtmuseum S. 53
124 [I17] Stadtmuseum S. 53
125 [J17] Beck & Eggeling S. 54
126 [K16] F.G. Conzen in der Trinkhausgalerie S. 54
127 [P16] Galerie Konrad Fischer S. 54
128 [I17] Galerie Rupert Pfab S. 54
129 [P15] Galerie Schönewald und Beuse Fine Arts S. 55
•130 [J18] Affen S. 55
•131 [J16] Auseinandersetzung S. 55
•132 [J16] Habakuk S. 55
•133 [J18] Heinrich-Heine-Monument S. 55
•134 [L17] Segelbrunnen S. 56
135 [J19] Bar am Kaiserteich S. 58
•136 [N25] Botanischer Garten S. 57
137 [F7] Café im Nordpark S. 58
•140 [H19] Schweizerisches Generalkonsulat S. 118
•141 [K18] Honorarkonsulat der Republik Österreich S. 118
142 [M17] Tourist-Information S. 120
143 [J16] Tourist-Information S. 120
@144 [K16] D2_LiveC@fé S. 121
145 [L13] Marien-Hospital Düsseldorf S. 121
146 [P15] MEDECO Zahnklinik Düsseldorf Zentrum S. 121
147 [L24] Uniklinik Düsseldorf S. 121
148 [M18] Apotheke im Hauptbahnhof S. 121
149 [O24] Café Südpark S. 121
•150 [G16] Fahrradverleih Price Düsseldorf S. 122
152 [J20] Café Piranha S. 124
153 [L17] Café Seitensprung S. 124
154 [O20] Hotel am Volksgarten S. 124
•155 [I16] KD S. 125
•156 [I16] Weiße Flotte S. 125
157 [P14] Hotel Achenbach S. 125
158 [K14] Hotel am Hofgarten S. 125
159 [L14] Hotel Berial S. 126
160 [N17] Hotel Friends S. 126
161 [J21] Hotel Karolinger S. 126
162 [I17] Hotel Orangerie S. 126
163 [J16] Hotel St. Andreas S. 126
164 [I19] Kastens Hotel S. 127
165 [J14] Melia Hotel S. 127
166 [L17] Pension Bratmann S. 127
167 [L12] Stadthotel Düsseldorf im Kolpinghaus S. 127
•169 [K19] Backpackers-Düsseldorf S. 127
•170 [M18] CVJM S. 128
171 [G16] Jugendherberge S. 128
172 [B9] Campingplatz Düsseldorf- Lörick S. 128
174 [E7] Caravan-Center Messe Düsseldorf S. 128
175 [J16] Polizeiwache Stadtmitte (Altstadt) S. 129

Hier nicht aufgeführte Nummern liegen außerhalb der abgebildeten Karten. Ihre Lage kann aber wie bei allen im Buch vorkommenden Ortsmarken mithilfe des Internet-Kartenservice Google Maps™ lokalisiert werden (s. Umschlagklappe).
Die GPS-Daten aller im Buch beschriebenen Örtlichkeiten stehen außerdem auf der Produktseite dieses CityTrip-Titels unter www.reise-know-how.de zum kostenlosen Download bereit.

ZEICHENERKLÄRUNG

- Hauptsehenswürdigkeit
- [J16] Verweis auf Planquadrat im City-Faltplan

- Arzt, Apotheke, Krankenhaus
- Bar, Bistro, Klub, Treffpunkt
- Café
- Denkmal
- Fischlokal
- Galerie
- Geschäft, Kaufhaus, Markt
- Hotel, Unterkunft
- Imbiss
- Informationsstelle
- Internetcafé
- Jugendherberge, Hostel
- Kirche
- Kneipe, Pub, Biergarten
- Museum
- Musikszene, Disco
- Parkplatz/-haus
- Pension, Bed and Breakfast
- Polizeistation
- Postamt
- Restaurant
- Sonstiges
- Theater
- vegetarisches Restaurant
- Zeltplatz/Camping

- U-Bahn
- S-Bahn
- Straßenbahn

BEWERTUNG DER SEHENSWÜRDIGKEITEN

- ★★★ auf keinen Fall verpassen
- ★★ besonders sehenswert
- ★ Sehenswürdigkeit für speziell interessierte Besucher

Diesem CityTrip-Band wurde hier ein herausnehmbarer Faltplan beigefügt. Sollte er beim Erwerb des Buches nicht mehr vorhanden sein, fragen Sie bitte bei Ihrem Buchhändler nach.